ESSAI

SUR

LES FANARIOTES.

A MARSEILLE,

Chez CAMOIN et tous les Libraires.

A PARIS,

Chez ARTHUS-BERTRAND, libraire, rue Hautefeuille, n° 23;
TREUTTEL et WURTZ, libraires, rue de Bourbon, n° 17;
REY et GRAVIER, libraires, quai des Augustins, n° 55;
DELAUNAY, libraire, Palais Royal, Galeries de Bois.

A LONDRES,

Chez MARTIN BOSSANGE et Ce.

ESSAI

SUR

LES FANARIOTES,

OÙ L'ON VOIT

LES CAUSES PRIMITIVES DE LEUR ÉLÉVATION AUX
HOSPODARIATS DE LA VALACHIE ET DE LA MOLDAVIE,
LEUR MODE D'ADMINISTRATION, ET LES CAUSES
PRINCIPALES DE LEUR CHUTE;

SUIVI DE QUELQUES RÉFLEXIONS SUR L'ÉTAT ACTUEL

DE LA GRÈCE.

PAR MARC-PHILIPPE ZALLONY,

Docteur en médecine,

ANCIEN MÉDECIN DE JUSSUF-PACHA (*dit le Borgne*), GRAND-VISIR, ET DE SON ARMÉE,
DE PLUSIEURS PACHAS, MUPHTIS, ULÉMAS, MINISTRES DE SA HAUTESSE, ET DE DIVERS
PRINCES HOSPODARS FANARIOTES, etc., etc.;

Membre de la Société d'Instruction Médicale de Paris.

MARSEILLE,

DE L'IMPRIMERIE D'ANTOINE RICARD,
IMPRIMEUR DU ROI, DE LA VILLE ET DE LA PRÉFECTURE,
RUE CANNEBIÈRE, Nº 19.

AVRIL 1824.

AVANT-PROPOS.

Il y a long-temps que j'ai conçu le projet d'écrire cet ouvrage : il me fut inspiré par l'hésitation qu'ont montré, à l'égard des Fanariotes, les écrivains qui ont traité l'histoire ottomane, et plus particulièrement celle des Grecs modernes.

J'ai cru m'apercevoir que leur hésitation venait du peu de renseignemens qu'ils avaient eus sur l'origine et sur l'influence qu'ont exercée ces Grecs sur la marche du gouvernement ottoman et sur leur propre patrie.

Conduit par cette pensée, j'ai crù devoir, dans l'intérêt de l'histoire, entrer dans la lice, et m'y présenter ce livre à la main.

On y trouvera des vérités écrites sans ornement et sans arrière-pensée. Ce n'est point un ouvrage d'inspiration; ce sont des documens historiques que je présente à mes lecteurs : un écrivain plus versé que moi dans la langue française, les eût embellis par tout le luxe et la richesse du style.

Qu'on ne s'arrête point au titre de cet ouvrage; il paraîtra nouveau à la plupart de ceux qui le liront. Qu'on en parcoure les pages, et on verra qu'elles contiennent des pensées et des notions tout aussi nouvelles que son titre.

J'ai remarqué que, jusqu'à ce jour, les historiens se sont bornés, en traitant de la Moldavie et de la Valachie, à parler des mouvemens militaires de leurs peuples, et de la part qu'ont prise leurs princes dans les différentes révolutions qu'ont éprouvées ces contrées.

On a souvent écrit que les Valaques et les Moldaves étaient les sujets les plus malheureux de la Sublime-Porte.

Je le dis à mon tour, mais avec cette différence que je fais connaître leurs misères et les causes qui les ont produites.

On a cité le Fanar de Constantinople ; je cite, moi, les Fanariotes, en homme qui a vécu long-temps parmi eux, qui les a connus et étudiés. Je dévoile ce qui était un mystère ; je fais connaître à l'Europe ce qu'elle ignorait, et je le fais avec cette rectitude qui me vaudra sans doute l'approbation des hommes éclairés.

Il était question de la Grèce, de cette Grèce où je reçus le jour, de cette terre classique de la liberté, depuis si long-temps esclave ! Mon amour pour elle m'a entraîné dans des digressions politiques sur la cause de ses infortunes et sur celle des événemens dont elle est aujourd'hui le théâtre. L'opinion d'un

Grec sera peut-être de quelque valeur dans les circonstances actuelles; ne fût-elle pas exempte d'erreur, on lui accordera, j'en suis sûr, quelque confiance.

Mon livre n'enrichira pas la littérature française; je ne l'ai point écrit dans ce but : mais il ira grossir le nombre de ces livres dictés par la philosophie et le désintéressement. A défaut de tout autre mérite, il aura celui de l'opportunité. Si une seule de ses phrases est utile aux Grecs, il aura pour moi le prix d'un chef-d'œuvre.

Mon lecteur trouvera que je me suis quelquefois donné des limites trop étroites, comme aussi il me blâmera de m'être appesanti sur quelques détails de mœurs; mais qu'il considère, d'abord, que mon livre n'est qu'un essai, et, en second lieu, que pour lui peindre la physionomie morale de certains hommes, il ne suffisait pas d'une esquisse. Je préviens donc les traits de la critique, qui pourrait me reprocher d'avoir été trop laconique sous un rapport, et trop prolixe sous un autre.

Si cet écrit offense les *Fanariotes*, je leur répondrai que les hommes publics sont de l'apanage de l'histoire; qu'elle reçoit mes révélations à leur égard, comme elle recueillera leur justification, s'ils veulent la produire. Au reste, je n'attaque personne individuellement : c'est au système fanariote que s'adresse mon livre. Ce système étant l'ouvrage des hommes, j'ai dû les comprendre collectivement dans la critique que j'en ai faite.

Enfin, voilà mon livre : bon ou mauvais, indifférent ou utile, il est sous les yeux du lecteur. S'il n'instruit point, s'il n'éclaire pas les Grecs sur les Fanariotes, sur ce qu'ils ont à craindre d'eux, qu'on le laisse de côté ; mais s'il renferme des notions exactes, des idées neuves dictées par un sentiment généreux, s'il peut être profitable à mes concitoyens, qu'on le lise : il portera son fruit.

ESSAI

sur

LES FANARIOTES.

CHAPITRE PREMIER.

Origine des Fanariotes. — Des Grammaticos. — Création de la dignité de Drogman du Divan. — Drogman de la marine. — Élévation du Drogman du Divan à l'Hospodariat. — Emplois réservés aux Boyards indigènes et aux Musulmans. — Charges données par l'Hospodar aux Boyards Fanariotes. — L'Hospodar à Constantinople. — Sa politique. — Départ de ce Prince pour la Moldavie. — Son voyage. — Son arrivée à Bucharest. — Sa réception. — Particularités sur sa manière d'agir et de vivre. — Des Boyards indigènes. — Leur mise. — Leur amour pour le luxe. — Des Boyards Fanariotes. — Conseils qu'ils donnent à leur Prince. — Conduite administrative de l'Hospodar. — De l'épouse du Prince. — Ses revenus. — Rapacité des Boyards. — Malheurs du peuple moldave.

On entend sous le nom de *Fanariotes* une classe de Grecs appartenant au rit de l'église d'Orient, qui habite, à Constantinople, le quartier du *Fanar*, situé sur les bords de la mer, en face de l'arsenal, ancienne résidence des ambassadeurs européens, qui l'abandonnèrent pour habiter le *Péra.*

Ces Grecs exercent diverses professions et habitent spécialement ce quartier, comme les Francs habitent le Péra.

Le grand Patriarche, celui de Jérusalem et tout le saint Synode habitent également le Fanar.

Le nom de cette résidence est à l'égard des Grecs *orthodoxes* ce qu'est celui de *Sublime-Porte* pour le gouvernement ottoman, puisqu'il ne désigne que la résidence du grand-visir, qui en est le principal siége, ce palais renfermant les vingt-quatre bureaux ou *Kalemler* où se dirigent toutes les affaires de l'empire.

La loi turque interdit à tout sujet mahométan la faculté d'apprendre aucune des langues à l'usage des infidèles ; et parmi les infidèles le Turc confond tous les peuples qui ne croient point à l'*alcoran.*

Il résulte de cette défense dogmatique

que la Sublime-Porte a toujours eu besoin d'un interprète pour ses relations diplomatiques.

Elle se servait anciennement des Juifs ou des renégats pour la traduction des pétitions ou autres pièces écrites dans les idiomes grec ou italien ; mais elle les a remplacés depuis par des Fanariotes, ses sujets.

Elle n'a d'abord entouré d'aucune considération cette charge de traducteur ; elle nommait simplement ceux qui en étaient revêtus des écrivains ou *grammaticos*.

Dans le principe, lorsqu'un grammaticos avait fait la lecture de quelques pièces aux ministres, il sortait du cabinet et restait dans la grande salle, pêle-mêle avec les domestiques, jusqu'à ce que le ministre le fît appeler de nouveau. Le soir, à l'exemple des ministres-mêmes de Sa Hautesse, il se retirait chez lui, et ne revenait que le lendemain au palais du visir comme Leurs Excellences.

Sous le règne de Mahomet IV, l'an 1669,

un nommé Panayotaki (1), grammaticos, fit sentir, à son retour du siége de Candie, où il avait secondé le grand-visir Coprogli-Achmet, la nécessité qu'il y avait pour la Sublime-Porte de ne pas s'en rapporter strictement aux traductions directes des ambassadeurs chrétiens. Ses observations plurent aux ministres; et le Divan, qui s'était aperçu de l'intérêt croissant que présentait la charge de grammaticos, fit donner un logement à Panayotaki dans le palais, et l'éleva à la nouvelle dignité de Divan *Terziman,* ou Drogman du Divan;

---

(1) Quelques historiens l'ont désigné sous le nom de Panagioti. Il naquit à l'île de Chio, et mourut en 1673. Il défendit avec zèle la foi de l'Église Grecque contre le patriarche Cyrille Lucar. Il eut beaucoup de crédit à la Porte. On le croit auteur d'un livre curieux écrit en grec vulgaire, et imprimé en Hollande sous le titre de *Confession Orthodoxe de l'Église Catholique et Apostolique d'Orient.* Les Grecs ont un proverbe qui dit qu'il est aussi difficile de trouver un cheval vert qu'un homme sage dans l'île de Chio. Panayotaki était de cette île; et comme il avait beaucoup de prudence et de génie, on le nommait *le Cheval vert.*

(DICTIONNAIRE UNIVERSEL.)

il l'autorisa même à laisser croître sa barbe.

Ses successeurs continuèrent de jouir des mêmes avantages; ils obtinrent même une augmentation d'honoraires, le privilége de s'habiller à la longue comme les seigneurs turcs, à l'exception du turban qu'ils remplaçaient par un bonnet fourré d'hermine, à l'exemple des drogmans des ambassadeurs européens, et l'autorisation de monter à cheval et de se faire suivre par quatre domestiques portant des kalpaks ou bonnets de fourrure, privilége inouï pour un Grec.

Les honneurs et les avantages attachés à cette charge excitèrent l'ambition des Fanariotes; les plus aisés d'entre eux s'empressèrent de faire instruire leurs enfans, pour les rendre aptes à cette dignité, dans les langues turque et italienne, et, plus tard, à l'époque de l'abaissement politique de la république de Venise, dans la langue française; l'idiome italien ayant alors, pour ainsi dire, perdu toute son influence pour les Ottomans.

Cette charge devint tellement importante

2

et fut si fort enviée, que le Divan jugea convenable de créer, dans l'intérêt de la chose publique, la dignité de *Drogman de la marine.*

Celui qui en était revêtu exerçait, comme il exerce encore de nos jours, ses attributions sur les vaisseaux de l'escadre du capitan-pacha, lorsque cet amiral pénétrait dans la Méditerranée, pour faire opérer la rentrée des impôts annuels dans les caisses du trésor public.

De tous les Fanariotes qui briguèrent les fonctions de Drogman, soit du Divan, soit de la marine, ceux qui, par leur naissance ou par leurs alliances, tenaient au clergé, furent les plus heureux à les obtenir. Ils avaient, par leur fortune ou leurs aboutissans, un immense avantage sur les marchands et sur les artisans du Fanar. Cette influence, ils l'ont conservée jusqu'à l'époque de la dernière révolte des Grecs du Péloponèse et de l'Archipel.

C'était peu pour les Drogmans Fanariotes que d'exercer par leurs fonctions un empire sur les affaires publiques ; leur ambition n'était point satisfaite par les revenus modiques qui étaient attachés à leurs places. Ils briguèrent un plus haut destin, et leurs vues se dirigèrent sur la régence des provinces Valaques et Moldaves, que la religion des traités avait concédée aux princes indigènes de ces pays.

Tout ce que l'intrigue et l'adresse peuvent prêter de forces à l'ambition, fut employé par les Drogmans Fanariotes pour parvenir à leur but ; et le malheureux *Bassaraba-Brankovano*, le dernier des Hospodars indigènes, fut destitué et périt misérablement, ainsi que toute sa famille, accusés du crime de haute trahison.

Le Divan, séduit par les fallacieuses promesses de ses Drogmans, et guidé par ce principe de la loi que tout fidèle serviteur doit être récompensé, les enrichit des dépouilles des princes Moldaves et Valaques. Il leur confia la direction de ces belles provinces pour un temps illimité ; et Mavrocordato fut le premier Fanariote

Grec qui, en 1731, partit des rives du Bosphore pour aller prendre possession de la souveraineté de la Valachie (1).

---

(1) Mavrocordato (Constantin), fils et successeur de Nicolas Mavrocordato, fut le dernier Hospodar de la Valachie nommé par les Boyards et confirmé par la Porte-Ottomane, qui depuis s'est réservé le droit de donner seule des souverains aux Moldaves et aux Valaques. Ce prince était à peine installé, qu'il faillit être victime de la révolution qui entraîna la déposition du sultan Achmet III, en octobre 1730. Il fut arrêté avec sa famille, et on séquestra ses biens ; mais, dès l'année suivante, le sultan Mahmoud lui rendit sa liberté, ses biens et sa principauté.

Le règne de Constantin Mavrocordato a fait époque en Valachie, à cause de la fameuse réforme de 1730, à laquelle on a donné son nom, et qui consomma l'asservissement et la ruine de cette province. Il établit de nouveaux tribunaux, en remplaça quelques-uns par des juges militaires, priva les Boyards des gardes dont ils se faisaient escorter, acheva la suppression des milices nationales et n'en réserva qu'un petit nombre pour le service civil et pour les postes. Aussi mauvais financier que maladroit politique, au lieu d'asseoir le poids principal des impôts sur les productions et les consommations du pays, il augmenta la capitation et mit en ferme toutes les autres contributions. Quoique les changemens opérés par Constan-

Ce fut une époque mémorable pour les peuples des deux provinces que celle qui leur enlevait leur légitime souverain , pour

---

tin n'eussent pour objet que d'accroître ses revenus , sa réforme embrassa toutes les parties de l'administration civile et militaire : tout fut soumis au système fiscal.

Il paraît d'abord que ce prince eut des intentions louables. Il publia quelques bons règlemens; il abrogea quelques impôts , il en diminua d'autres ; il réduisit et fixa la quotité des corvées ; il abolit même la servitude des paysans ; et cependant leur nombre , qui se trouva de 147,000 familles dans le premier dénombrement qu'il ordonna , ne fut que de 70,000 dans un second , en 1745, et se trouva réduit à 35,000 dans la suite , soit par l'émigration des mécontens , soit que plusieurs familles obtinrent avec de l'argent de n'être pas inscrites sur les registres civils.

Mais , lorsque Mavrocordato se vit à diverses reprises dépouillé de sa principauté par les cabales de ses rivaux , il ne se montra pas plus délicat sur les moyens de s'y maintenir ; et sa plus grande faute fut d'avoir augmenté de quinze cent mille francs le tribut que la Valachie payait à la Porte à l'avènement d'un nouvel Hospodar. Cette mesure mit non-seulement le comble au malheur du pays ; mais elle fut encore la source de la disgrâce de son auteur. Les Turcs, intéressés à se procurer le plus souvent possible cette somme ,

les livrer à de nouveaux maîtres , étrangers à leurs mœurs et à leurs besoins , et qui venaient s'établir sur les ruines de

---

ont changé continuellement les Hospodars (*). Les peuples n'ont été que plus écrasés d'impôts, et les princes, avilis, ne sont plus que des fermiers amovibles de la Porte. Aucun d'entre eux n'a fait plus de tort à la Valachie que Constantin Mavrocordato. Déposé en 1741, rétabli en 1744, dépossédé de nouveau en 1748, renvoyé en 1756, révoqué en 1759, nommé pour la dernière fois Hospodar en 1761, il fut enfin disgracié complétement en 1763, et mourut sans doute peu d'années après dans un âge très-avancé. Il était petit-fils du célèbre Alexandre Mavrocordato, qui était lui-même petit-fils de Scarlatos ou Scarloti, qui, sous le règne d'Amurath IV, était *sorguj* ou *Igeleb* de la Cour, c'est-à-dire, pourvoyeur de bœuf et de mouton. Alexandre fut nommé premier interprète, à la mort de Panayotaki; et son fils Nicolas, Hospodar de la Moldavie, en 1709 (**) : ce dernier mourut le 14 septembre 1730. Les intervalles de ces divers règnes, depuis 1741 jusqu'en 1761 , furent remplis par sept princes, dont trois de la famille Racowitza et quatre de celle de Ghicca.

Alexandre Mavrocordato, que nous voyons aujour-

(*) Cet abus a duré jusqu'en 1812 : la Russie stipula dans ce traité que les Hospodars resteraient au moins sept années en place.

(**) Voyez *Histoire Universelle*, Tome XXIII°.

leurs priviléges. Aussi le Divan ne poussa-
t-il pas sa politique jusqu'à mépriser les
craintes que pouvait lui inspirer le bran-
don de la discorde qu'il jetait au milieu
de ses sujets ; il conçut que l'introduction
des nouveaux Hospodars éveillerait ou plutôt ferait naître des haines et des méconten-
temens, que le démon des partis désolerait

---

d'hui combattre à la tête des vaillans Hellènes, descend en ligne directe de ces princes. Son dévouement
bien prononcé à la cause sacrée des Grecs, effacera
en partie la célébrité acquise par son aïeul Alexandre;
car celui-ci ne devint illustre qu'en prêtant, aux
conférences de Carlowitz, l'appui de son génie aux
Osmanlis, ennemis de sa patrie ; et le héros d'aujourd'hui fonde sa postérité sur des services bien plus
glorieux, c'est-à-dire, en prêtant l'appui de son bras
et de sa sagesse à la généreuse entreprise de la régénération de la Grèce. Il a totalement perdu son
caractère de Fanariote qu'il tenait de ses ancêtres,
en se vouant à une aussi belle cause. Son nom sera
un jour inscrit avec orgueil dans le Temple de Mémoire, à côté de ceux des Ypsilanti, des Bozaris,
des Colocotroni, des Odyssée, etc., etc., défenseurs
immortels de la Grèce opprimée.

les deux plus belles provinces de son empire.

Pour obvier à ce grand inconvénient et flatter l'amour-propre des peuples Valaques et Moldaves si cruellement blessé, il investit les Boyards indigènes d'une autorité qui contre-balançait la puissance des Hospodars Fanariotes, au cas où elle voulût empiéter sur leurs droits.

Plusieurs places furent réservées aux Boyards indigènes, telles que celles de grand juge, de maire, de secrétaires-généraux de districts et de cantons; celle de gouverneur fut soumise à une exception, c'est-à-dire, que cette charge était remplie conjointement par un délégué du Prince Fanariote et par un Boyard indigène. Le receveur général ou grand trésorier était pris également parmi les Boyards indigènes.

Mais les hautes charges de ministre de l'intérieur, de l'extérieur, de la police, les exécuteurs des ordres du conseil criminel, le grand intendant de la Cour, le second trésorier, le juge du commerce, les écuyers, les officiers militaires, ainsi qu'une foule d'autres furent données à des Fanariotes de la suite de l'Hospodar qui, dès leur nomination, prennent le titre et le rang de Boyard. Il est bien entendu que pour remplir ces charges il faut professer le rit de la religion grecque orthodoxe.

L'union de la fille d'un Boyard indigène avec un Grec Fanariote, entraîne le titre de Boyard indigène et les prérogatives attachées à ce rang en faveur de l'époux. Les Hospodars sont en général jaloux de laisser ce titre à un ou plusieurs de leurs fils.

Quatre places furent réservées aux Mahométans, comme elles le sont encore, et remplies exclusivement par eux. Elles sont désignées sous le nom, 1° de *Divan Effendi*, ou Seigneur du Divan ; elle a été créée à l'effet de surveiller l'exécution des lois ottomanes et de faire connaître les infractions qui seraient commises à leur égard.

2° De *Bécheli-Aga*. Celui qui la remplit est chargé de la police relative aux voyageurs mahométans, vu que la loi du Prophète interdit toute intervention et toute action de la part d'un infidèle à l'égard d'un sectateur.

3° *Mechter-Baschi*, ou chef de musique.

Celui-ci doit toujours accompagner l'Hospodar qui jouit des prérogatives d'un pacha, quoiqu'il ne puisse en porter le titre à cause de sa religion.

4° Celle de *Porte-Étendard*, connue sous le nom de *Bayractar*.

A l'aspect de ce système de gouvernement, il semble que rien ne doit manquer à la prospérité du peuple ; que tous les ressorts en étant bien combinés et l'économie bien administrée, l'ordre et la justice doivent en être le résultat ; que tout ayant été prévu, rien ne peut troubler l'harmonie de son ensemble. Mais tel est le destin des peuples, que la pire des législations a souvent les apparences de la perfection : nous n'allons pas tarder de voir que ce mode d'organisation, au lieu de contribuer à la félicité des Valaques et des Moldaves, servit, au contraire, à corroborer les abus d'autorité les plus excessifs des Princes Fanariotes, et qu'il sert encore à paralyser les sages précautions qu'a dû prendre le Divan : car il faut croire qu'il les avait calculées pour le mieux des intérêts de ses sujets. Ce mode est d'autant plus funeste aux peuples de ces contrées, que le Divan lui-même n'a rien à punir, puisque le mal se fait sans que ses règlemens soient violés, et sans que sa méfiance puisse être un moment excitée.

Le Prince nomme arbitrairement à tous les emplois, en se subordonnant néanmoins aux règlemens, et en demeurant responsable, envers la Sublime-Porte, de toutes les actions de ceux qu'il a élevés en dignité; et cette responsabilité serait infiniment grave, si, par la force des choses et l'entraînement d'un système général de déception, elle ne devenait illusoire.

Dès que le choix du Divan a été fixé, que tel Drogman a été, à Constantinople, promu à la haute dignité d'Hospodar de la Valachie ou de la Moldavie, le nouveau Prince prend le titre d'*Altesse*, et s'entoure de Valaques et de Moldaves (1) qui, par leur fortune ou leur crédit, exercent le plus d'influence parmi les Boyards et le peuple, et qui sont les plus capables de lui créer un parti dans la province qu'il doit gouverner. Il promet aux uns des places et des honneurs ; il offre aux autres la main de ses filles, qu'accompagne toujours de hautes dignités : mais ces promesses et ces offres ne sont souvent que des apparences trompeuses ; elles ne se réalisent qu'autant qu'elles sont utiles à la politique du Prince.

Le lendemain de sa nomination, le Prince fait partir en poste pour la nouvelle principauté un Fanariote, sous le titre de *Kaïmakam*, lequel doit le repré-

---

(1) L'administration des deux provinces étant la même, je me servirai indifféremment de la dénomination de Valaques ou de Moldaves, comme également je donnerai à l'Hospodar le titre d'*Altesse* ou de Prince, pour éviter toute équivoque.

senter jusqu'à son arrivée. Le premier soin du Kaïmakam est de rassembler tous les Grands du pays, et, en première ligne, l'Archevêque métropolitain, qui a eu lui-même, avant l'arrivée du Kaïmakam, l'autorité du Prince, en vertu du firman de déposition, comme on le verra par la suite. Après avoir proclamé la nomination du Prince, il demande, 1º l'ameublement tout à neuf et complet du palais destiné à la résidence de Son Altesse.

2º Un nombre infini de grands chariots attelés, qu'il doit diriger sur Constantinople, pour opérer le transport du matériel du Prince et celui des personnes de sa suite. Ces demandes, qui sont toujours promptement accordées, le sont aux frais des habitans.

Pendant sa souveraineté, de deux mois au plus, le Kaïmakam, ayant toute l'autorité du Prince, maintient ou renouvelle les dignitaires, sans que ses dispositions puissent apporter aucune limite aux volontés du nouvel Hospodar, et seulement pour ne pas interrompre le cours des affaires et l'administration de la justice.

C'est alors que les ambitieux s'éveillent, que les craintes et les espérances assiégent la demeure des insatiables Boyards indigènes. Quelles seront les faveurs qu'ils obtiendront du nouveau Prince? Quels moyens faudra-t-il mettre en œuvre pour gagner d'abord ses bonnes grâces? Le premier et le plus salutaire de tous est dans la magnificence des présens ; car les présens ont un pouvoir magique sur les grands personnages de l'Orient. Les plus riches d'entre eux lui envoient à Constantinople de superbes équipages, qui, à la vérité, ne peuvent lui servir que dans son voyage, puisque les lois turques lui en interdisent l'usage dans cette capitale. D'autres lui envoient des sommes considérables pour pourvoir à son équipement. La prévoyance des Boyards est si grande en cette circonstance, qu'ils ont soin de tenir, pour l'ordinaire, en dépôt chez les banquiers de Constantinople, de l'or qui doit être remis, n'importe le Fanariote élevé à la dignité d'Hospodar, le jour même de sa nomination.

Toutes ces démonstrations de joie sont aussi gratuites que leur générosité; le peuple est toujours derrière ces grands pour rembourser les frais d'ovation et de couronnement.

Aux prévoyantes largesses de ses nouveaux sujets, le nouvel Hospodar voit se joindre, au même instant, les offres de services des plus riches financiers de l'empire turc, et ce pour des sommes immenses, tant est grande la confiance qu'inspire le nouveau dignitaire; confiance établie, il est vrai, sur les moyens incalculables de fortune mis dès ce jour à sa disposition.

L'industrie, qui toujours cherche les moyens de se produire, ne manque pas d'activité. On voit, à cette époque, tous les marchands de Constantinople frapper à la porte de Son Altesse, et lui offrir tout ce que le bazard possède de richesses. La circonstance est heureuse pour eux; le Prince est dans une situation à accepter avec bienveillance les offres qui lui sont faites de toutes parts, et voici pourquoi : les frais d'équipement, le prix des cadeaux d'usage qu'il est obligé de faire à la Sublime-Porte et aux grands de l'empire, et la dépense de son voyage, doivent absorber près d'un million de francs ; et pour l'ordinaire, le nouveau Prince est sans fortune acquise ; en second lieu, la prévoyance l'engage à se prémunir contre un règne qui pourrait être de courte durée, dans un empire où la faveur est souvent passagère et dangereuse même.

Mais la foule des marchands, comme celle des faiseurs de cadeaux, ne sont rien en comparaison de celle des flatteurs que l'ambition et la servitude amènent chez le nouveau Prince. Tous ont été à jamais les plus grands admirateurs de Son Altesse, les préconiseurs de ses hautes qualités ; leurs louanges ont, en quelque sorte, déterminé, selon eux, le choix du Divan, et rendu nulles les prétentions de ses compétiteurs ; car les jongleurs de cour n'affligent pas moins les grands de l'Asie, que les princes de l'Europe ; et là, comme ici, les courtisans inondent les portiques de l'idole du jour.

Mais si la bassesse et l'orgueil déploient toute leur activité, la dissimulation du Prince n'en demeure pas plus oisive ; elle exerce tacitement sur ces nouveaux adulateurs toute sa puissance ; elle reçoit leur encens, mais ce Fanariote ne diminue en rien la haine qu'il porte en secret à plusieurs d'entre eux, et ils ne tardent pas à en faire la fatale épreuve. Il reçoit à Constantinople les honneurs avec ce ton de sincérité qui sert de parure à la grandeur, avec cette aménité qui dédommage quelquefois les petits de la fortune des grands ; il promet des places et des honneurs ; mais à Bucharest les listes d'exil et de proscription s'établissent, et la Sublime-Porte rarement refuse-t-elle son adhésion aux volontés de l'Hospodar. C'est ainsi qu'on voit souvent en Valachie se réaliser les grandes espérances conçues dans le palais de Constanti-

nople. Ici tout prend une nouvelle face :
le Prince exerce sa souveraineté en despote, et l'obéissance passive de tous ceux
qui l'entourent est une conséquence inévitable du système de gouvernement qu'il
est obligé de suivre pour établir sa fortune
sur la ruine publique, et quelquefois sur
l'abaissement de ses créatures.

Divers motifs flattent, à Constantinople,
les espérances des Fanariotes qui obsédaient
le Prince par leurs demandes. Les uns s'i-
maginaient qu'à défaut de mérite personnel, leur or devait les conduire aux émi-
nentes dignités réservées aux Boyards ; ils
espéraient même s'allier par le mariage à
la famille de l'Hospodar. D'autres, inspirés
par un orgueil plus noble, plus élevé,
se croyaient tellement dangereux par leur
génie et par leur intrigue, à la puissance
du nouveau maître, qu'ils le jugeaient être
dans la nécessité de les éloigner de Constantinople, où ils pourraient intriguer contre
lui ; ce qu'il ne pouvait faire qu'au prix
des charges et des honneurs. L'accueil ho-

norable qu'ils recevaient du nouveau Prince, pendant les trente jours (1) qu'il employait à ses préparatifs, ne contribuait pas peu à accroître leur présomption et à doubler le zèle qu'ils mettaient à publier partout et unanimement combien était digne de sa fortune le Prince que le Divan venait de leur donner, et que la faveur que lui départait la Sublime-Porte n'était que le prix de ses talens et de ses vertus.

Arrivé dans sa Principauté, l'Hospodar se dégage, en quelque sorte, de cette espèce de servitude que lui imposait à Constantinople les besoins de sa politique. Son soin le plus empressé est d'investir des premières dignités ses plus proches parens, et de ne satisfaire l'ambition des autres que par le don de places purement honorifiques (2).

---

(1) Terme de rigueur ordonné par les règlemens. Le Prince qui y contreviendrait serait soumis à une amende de quatre cents francs par jour, au profit de la cuisine de l'Agà des janissaires : il y contrevient souvent par politique et pour être agréable à l'Agà des janissaires.

(2) Toute élévation à une place honorifique entraîne

Mais de nouvelles craintes inquiètent sa prudence à l'égard de ceux auxquels il ne peut encore rien accorder ; c'est pourquoi il les nourrit adroitement d'espérances, en leur laissant entrevoir un certain respect pour les droits qu'ils ont à la première place vacante. Mais, au terme de plusieurs années, ruinés d'espérance et d'argent, ils sont obligés de retourner à Constantinople ; heureux s'ils en obtiennent l'autorisation de Son Altesse, qui ne la leur accorde qu'autant qu'elle ne croit pas leur présence dans la capitale dangereuse à sa conservation.

Quant aux places réservées aux Mahométans, le Prince a soin de rendre leur influence chimérique, en faisant tomber son choix sur des individus à sa dévotion, et qui n'ont et ne peuvent avoir d'autre vo-

de la part du Prince l'hommage d'un certain nombre de personnes qui deviennent, par le fait, sujets et tributaires à jamais du Boyard indigène ; leur servitude est bornée, à l'égard des Boyards Fanariotes, à la durée de la régence de leur Prince.

lonté que la sienne. Par exemple, la dignité de *Seigneur du Divan* est presque toujours accordée par lui à son instituteur ou à celui de son fils, connu sous le nom de *Hogza*, et celle de *Bècheli-Agà* à son batelier de Constantinople : cet homme, comme on l'a vu, exerce la police sur les voyageurs ottomans (1). Par cette combinaison, le pouvoir absolu du Prince ne rencontre aucune entrave, puisque l'influence que pourraient exercer ces Mahométans est paralysée par le choix de l'Hospodar. C'est ainsi que s'établis-

---

(1) D'après les conventions, aucun Mahométan ne peut résider dans les Principautés, si ce n'est pourtant dans les forteresses dont la défense est confiée aux troupes de Sa Hautesse, troupes qui sont ordinairement commandées par un Pacha à deux queues, et qui ne relèvent aucunement de l'Hospodar. Le Bêcheli-Agà ainsi que ses subalternes n'ont donc d'autorité à exercer dans l'intérieur des Principautés que sur les Mahométans voyageurs.

Il arrive journellement que les soldats des garnisons sortent avec leurs femmes pour cultiver les champs qui entourent la place, mais ils sont obligés de rentrer aussitôt la nuit venue.

sent les forces de l'arbitraire dans tout gouvernement despotique où les nominations aux places sont réservées au Prinçe, et surtout celles qui paraissent être établies pour s'opposer aux empiétemens du pouvoir.

Le Prince part de Constantinople, avec tous les honneurs accordés à un Pacha (1), et laisse auprès du Divan un représentant désigné sous le nom de *Bâche-Capi-Kiahayà*, délégué intermédiaire pour la correspondance qui doit exister entre lui et le Grand-Visir. On verra plus tard combien il importe à l'Hospodar de désigner pour

---

(1) Quelque chose même de plus, puisque la Porte le revêt d'une espèce de Toque Royale appelée en turc *Koûka*, et le fait accompagner jusques aux portes de la capitale par un *Peïk* revêtu de son costume ordinaire et une suite nombreuse de janissaires. Les Fanariotes parvenus par le fait à la Vice-Royauté, se font sacrer par le Patriarche de Constantinople ; mais la Sublime-Porte, malgré cette cérémonie, ne leur accorde que le titre de *Wayvode*, et jamais celui de Pacha, ni celui de Vice-Roi, à cause de leur qualité d'infidèle.

cette charge un homme qui lui soit dévoué.

Sa première station a lieu au village d'*A-vaskioy*, distant de trois milles de la capitale. Il y dresse ses tentes et y demeure quelques jours pour établir parfaitement l'ordre qui doit régner dans sa marche durant le cours de son voyage.

Sa suite se compose de deux cents Albanais du rit grec, armés, et de trois cents autres personnes, formant sa maison et celle des Boyards qui sont admis à l'accompagner.

Les équipages employés au transport de son matériel sont ordinairement d'une grande magnificence.

Le voyage se fait à petites journées. Le Prince se fait précéder par une de ses trois queues, accompagné d'un Boyard, qui prend le nom de *Conakzi*, et qui, à l'exemple des courriers français, mais avec toute autre solennité et tout autre pouvoir, annonce l'arrivée de l'Hospodar et le séjour qu'il doit faire; il ordonne aux Primats de tenir prêts les mets pour Son Altesse et des vivres pour sa suite, ainsi que les billets nécessaires au logement des troupes et de ses bagages ; il est bien entendu que toutes les dépenses qu'occasionne le passage de Son Altesse sont à la charge des Grecs qui habitent le pays.

Il arrive, enfin, à la vue du chef-lieu de sa Principauté, le vingt-cinquième ou le trentième jour de son départ de Constantinople ; il s'arrête à une distance de quelques lieues, afin que dès le lendemain tout soit prêt pour son entrée solennelle.

Il entre dans la capitale suivi de tous les Archontes et Boyards et des miliciens du pays qui s'étaient rendus, à cet effet, auprès de lui, et on doit penser, par ce qu'on vient de voir, que le cortége est brillant et nombreux.

Le son des cloches qui retentit dans les airs, répand la joie dans le cœur des courtisans, tandis qu'il jette le peuple dans la consternation : pourrait-il se réjouir à l'aspect de ce nouveau Souverain, qui, semblable à un vautour, vient pour se jeter sur sa nouvelle proie ?

Avant d'entrer dans son palais, l'Hospodar se rend à la Cathédrale pour y recevoir surabondamment la bénédiction de l'Archevêque métropolitain. La cérémonie religieuse terminée, on procède à son installation avec la pompe accoutumée, et c'est alors que commence véritablement son règne et, en quelque sorte, sa nouvelle existence.

On a judicieusement remarqué, que généralement les hommes appelés aux hautes dignités par un caprice de la fortune, et sans avoir reçu une éducation préalable, prennent facilement le ton qui convient à leur nouvelle grandeur. Cette remarque peut être appliquée aux Hospodars récemment élus : à l'instant même qu'ils ont pris possession de leur autorité, la plus grande métamorphose s'opère en eux; ils s'agrandissent à leurs yeux par la vue même des hommages qui les entourent, et par celle de tant de sujets qui, la veille, étaient au-dessus de lui par leur rang et par leur fortune.

Le Prince, après son installation, convoque une Assemblée. Là, le *Seigneur du Divan* fait, avec toute la solennité d'usage, la lecture du firman de Sa Hautesse, contenant la nomination et les pouvoirs du Prince.

L'Hospodar prononce ensuite un discours, dans lequel il ne manque jamais de promettre à ses peuples une prospérité et un bonheur dont ils n'ont point encore joui. A l'issue du discours, Son Altesse distribue les places et les honneurs ainsi qu'il convient à son intérêt et à sa politique de le faire ; mais l'intérêt a toujours la plus grande part à ses choix, et nul nouveau dignitaire n'a sujet d'être étonné de sa nomination. Les nominations proclamées, le Prince dissout l'Assemblée.

La manière d'être de l'Hospodar, lorsqu'il paraît en public et dans son palais, est digne de remarque et diffère bien du ton d'orgueil qui distingue ordinairement les grands d'avec les autres hommes : s'il marche, il courbe sa tête de manière à ce que son menton frappe sur sa poitrine : ses

yeux sont fermés à demi, il feint une sur-
dité qui le dispense de répondre aux demandes qu'on lui adresse, et qui le facilite
à ne satisfaire qu'à celles qui lui sont agréables, ou qui lui paraissent justes ou faciles
à contenter. Il regarde sans cesse devant
lui, roulant continuellement entre ses doigts
un petit chapelet, tandis qu'il manie de son
autre main une poignée de Roubiés, monnaie en or, nouvellement frappée, qu'il a dans
sa poche. S'il parle, c'est avec une voix douce
et, pour ainsi dire, notée. Si cette manière
d'être n'était point étudiée, elle pourrait
n'avoir rien que d'ordinaire; mais chez un
Hospodar, elle porte un caractère tout particulier, que saisit facilement l'œil d'un
observateur philosophe : et lorsque j'ai dit
qu'elle différait du ton orgueilleux qui distingue ordinairement les grands, je n'ai
voulu qu'indiquer implicitement ce nouveau
genre d'orgueil qu'a introduit la duplicité
dans le cœur d'un Hospodar.

Rien n'égale les prévenances des gens
de l'Hospodar, et surtout des Boyards de

sa suite. Ces derniers mettent un empressement tout particulier à approcher sa personne ; deux ou trois d'entre eux saisissent ses bras et le soulèvent tellement qu'à peine lui laissent-ils la faculté d'appuyer à terre la pointe de ses pieds, tandis que deux ou trois autres seigneurs tiennent la queue de sa robe, et, sous cet aspect d'un paralytique, il passe dans ses appartemens, suivi de ses domestiques, où il remplace, par une longue pipe, qu'il saisit avec prestesse, le chapelet avec lequel il joue presque continuellement.

A l'instant même un grand cri, poussé par un *Tchaoûche* (1), se fait entendre dans la salle où est le Prince. Ce cri, poussé par une voix de Stentor, appelle le café et le cafetier en chef de Son Altesse par le seul mot de *Café! Cafézi-Bachi!* Dès lors, une petite tasse pleine de cette liqueur et enrichie de diamans est présentée à ce Prince.

Veut-il prendre un repas, les mêmes cérémonies se renouvellent : l'heure de midi

---

(1) Maître de cérémonies en sous-ordre.

arrivée, un autre Tchaoûche fait entendre un cri plus prolongé encore que le précédent, car il appelle l'intendant, le panetier et l'échanson, en terminant par ces mots : *et vous tous, Messieurs, attachés au service de la table, préparez-vous.*

A peine le Prince est-il à table, que des musiciens Bohémiens ou *Tzingàns* du pays, au nombre de trente ou quarante, et que personne ne voit, exécutent sur leurs instrumens, qui se composent ordinairement de violons et de flûtes de Pan à quatorze tuyaux, connues dans le pays sous le nom de *Miskals*, exécutent, dis-je, les airs les plus harmonieux (1).

Ils n'oublient jamais, à l'exemple d'Alcinoüs, de chanter au dessert des airs nationaux en style grec, et c'est presque toujours ceux qui produisent le meilleur effet,

------

(1) Une chose assez remarquable et qui a toujours étonné les Européens, c'est que ces Bohémiens ne connaissent pas une note de musique et exécutent, avec une rare précision, les airs les mieux choisis parmi les riches compositions d'Europe.

car il n'est cœur affaibli par la mollesse qui n'ait encore assez de force pour tressaillir au sentiment qui se rattache à l'amour de la patrie.

Il est à remarquer que le service se fait, à quelques exceptions près, à l'euro-péenne, que le Prince n'admet ordi-nairement à sa table que son épouse et ses enfans, et que ce n'est que dans des occa-sions particulières et très-rares qu'il y appelle les autres membres de sa famille, et à plus forte raison les étrangers.

Il est d'usage que le Prince ne demande jamais rien à table; tout lui est préparé, son pain même est coupé par petits morceaux. Il refuse le mets qui lui déplaît. Le vin qu'on lui sert est contenu dans des caraffes de cristal. L'officier-échanson, ou *Coupàry*, qui est toujours un de ses proches parens, se tient debout derrière lui, tenant incessam-ment à sa main un verre à demi rempli. Le repas s'achève par un nouveau cri du Tchaoûche pour le café. Il est alors une heure: le Tchaoûche, par son cri qu'il

pousse de la croisée, informe en quelque
manière la cité entière que Son Altesse va
prendre le café, et que l'instant qui va suivre
est celui où elle se livre au sommeil; dès lors,
tout rentre dans le calme, dans le silence;
nul bruit ne doit troubler le repos du Prince:
les affaires sont suspendues dans l'intérieur
du palais.

Ce n'est point une raison pour croire que
ce temps de repos, qui dure environ trois
heures, soit effectivement passé dans le
sommeil; le Prince l'emploie, selon qu'il
l'entend, pour le bonheur ou pour le malheur
de ses sujets; ce sont trois heures de mé-
ditation, de liberté et de vacance, tant
pour le Souverain que pour ses employés.
C'est aussi quelquefois l'époque du jour
où le Prince est le plus activement occupé. A quatre heures, le bruit des innombrables cloches de Bucharest, qui s'élèvent
environ à deux cents, et celui des planches
sacrées (1), dont les Moldaves ont conservé

____

(1) L'usage des cloches fut introduit à Constantinople en 831. Il a été inventé à Nola, dans la

l'usage, annoncent au peuple et aux grands que le cours des affaires publiques est repris, enfin que le Prince ne dort plus. Ce n'est pas qu'il soit ordonné de sonner les cloches pour annoncer son réveil, mais leur vibration dit assez que l'heure du repos est consommée, et que le silence n'est plus nécessaire au palais.

Le costume de l'Hospodar ne diffère de celui d'un Seigneur Turc de Constantinople, que par la coiffure : le Seigneur Turc porte le turban, l'Hospodar un bonnet de forme cylindrique, à l'imitation de celui du *Kan* de la Crimée. Il est de drap jaune et entouré de martre noire de la Sibérie dans sa partie inférieure.

L'Hospodar a seul le droit sur les Boyards de garnir l'intérieur de ses pantoufles de drap rouge.

Campagne de Rome, vers l'an 400 : avant ce temps-là on convoquait les fidèles, pour le service divin, en frappant avec deux maillets sur certaines planches, suspendues par deux cordes à leur extrémité, que l'on nommait, pour cet effet, *planches sacrées*, connues dans le pays sous le nom de *Symandra*.

Le Prince et les Boyards de première classe portent la barbe longue.

On distingue facilement un Boyard du reste des habitans de la principauté , à l'énormité de son *Kalpak*, bonnet composé de sept à huit peaux d'agneaux noirs, écorchés avant leur naissance. Ce bonnet a la forme d'un ballon , et est débordé à la sommité par une banderolle rouge qui indique la classe à laquelle le Boyard appartient. Le fils du Prince , ou *Beyzadès* , porte également ce kalpak , avec cette différence que la banderolle de drap est blanche au lieu d'être rouge.

La circonférence ordinaire de ces kalpaks, mais seulement dans les principautés, est de soixante à soixante-cinq pouces : ce qui paraîtra extraordinaire aux hommes raisonnables , c'est que les habitans jugent de la hauteur du rang et du mérite d'un Boyard sur le plus ou moins d'ampleur du bonnet qu'il porte. On pense combien cette présomption doit accroître l'ampleur des coiffures ; aussi ce n'est point exagérer que de dire, qu'il en est de telles qui empêchent un Boyard d'admettre un ami à côté de lui dans sa voiture.

Les Boyards indigènes sont, en général, tous opulens ; le moins riche d'entre eux possède, au moins, trente mille francs de rente, plusieurs autres réalisent un revenu de plus de deux cent cinquante mille francs.

Le luxe est une des plus chères jouissances des Boyards indigènes : leur mise est généralement d'une grande richesse, il existe chez eux des garde-robes qui représentent un capital effectif de cent cinquante mille francs, il en est d'autres qui le surpassent. Si l'on ajoute aux frais de la garde-robe les sommes que nécessitent les équipages, les bijoux, la vaisselle et le mobilier, on pourra se faire une idée des sommes énormes que ces Seigneurs sacrifient pour satisfaire leur vanité.

Les Boyards Fanariotes, arrivés dans les principautés à la suite des bagages de l'Hospodar, et venus tout exprès pour travailler à leur fortune, obéissent d'abord aux séductions du luxe ; ils veulent, quoique privés d'un véritable avoir, et pour soutenir l'orgueil que leur inspirent les dignités dont le Prince les a revêtus, ils veulent, dis-je, rivaliser en somptuosité avec les Boyards indigènes ; et sans trop s'inquiéter de l'avenir, comme ils ne se souviennent pas du passé, ils acceptent avidement les offres de crédit des marchands et des financiers, et ils se trouvent bientôt par ce moyen dans la position d'éclipser en quelque sorte le faste des Boyards indigènes. On en voit qui poussent la vanité jusqu'à avoir des carrosses magnifiquement vernissés et dorés, attelés de superbes coursiers ornés d'aigrettes et couverts de riches harnais, et qui, pour insulter à la misère publique ou à la modeste opulence, en modernes Erichthons, vont cotoyant les maisons de la capitale en étalant leur funeste magnificence. Devant eux fuit l'honnête artisan, tandis que l'œil peut à peine compter les nombreux domestiques qui suivent leur char.

L'âme est navrée de douleur, lorsqu'on

réfléchit que ce luxe insolent est payé par le labeur du pauvre, et que le Prince lui-même est intéressé dans son extension.

Les Boyards ministres ne tardent pas à exercer sur le Prince cette influence funeste qui prépare les malheurs du peuple. Ils savent que le nouvel Hospodar n'a obtenu sa dignité que par une faveur qui peut n'être qu'éphémère ; que sa fortune est à accroître, si elle n'est pas entièrement à faire; qu'il faut lui faciliter les moyens d'y parvenir, d'autant qu'ils sont dans le même cas, et que le patrimoine public est la source où ils doivent puiser leurs richesses.

Il est dans tous les hommes un sentiment de pudeur qui commande à l'âme même la plus dépravée. Le Prince Fanariote veut bien se couvrir des dépouilles du Moldave, mais il veut le faire comme s'il y était contraint par une influence étrangère, et même par l'ordre naturel des choses ; il veut qu'on lui mette la toison dans la main. Ce n'est pas la rapine qu'il veut éviter, c'est sa nudité. Nous allons

voir comment s'y prennent ses ministres
pour le seconder dans ses moyens de spoliation.

« Il faut, lui disent ces ministres de
« malheur, fortement imposer vos sujets.
« Non-seulement ils peuvent supporter les
« charges que nous proposons à Votre
« Altesse, mais ils pourraient encore en
« supporter de plus graves. Les ressources
« fiscales sont immenses dans votre Princi-
« pauté, et les besoins de votre peuple
« hors de proportion avec ses revenus.

« Les *Tcharans*, ou cultivateurs de votre
« province, sont d'une telle sobriété, qu'ils
« ne mangent jamais de pain ; ils ne vivent
« qu'avec de la farine de maïs avec laquelle
« ils composent une bouillie, qu'ils appel-
« lent *mamalinga*. Ils dédaignent tellement
« le luxe, qu'ils ne se vêtissent que d'une
« simple blande de laine ou de toile gros-
« sière, filée, tissue et confectionnée par
« leurs femmes. En soumettant ces culti-
« vateurs à une forte taxe, Votre Altesse
« protégera l'agriculture et enrichira son

« trésor ; car il faut ce stimulant pour faire
« sortir ces *Tcharans* de l'apathie à la-
« quelle ils sont naturellement enclins. »

Ces conseils, qui flattent toujours la
cupidité du Prince, sont suivis à la lettre :
le tarif des redevances auxquelles ces la-
boureurs sont soumis est tellement sur-
chargé, qu'ils travaillent toute l'année pour
le fisc, et qu'il leur reste à peine de quoi
satisfaire leur extrême frugalité.

Et ici rien n'est aussi actif que le cabinet
de l'Hospodar Fanariote. Le génie du fisc est
le seul génie qu'il invoque. Les lois et les
règlemens de ses prédécesseurs disparaissent
pour faire place à de nouvelles ordonnances;
d'anciens abus sont détruits, mais c'est pour
être remplacés par de nouveaux abus; et
si quelques lois ou coutumes résistent à sa
réforme, ce ne sont que des coutumes et
des lois insignifiantes et indifférentes au système de l'Hospodar, qui est la spoliation.

Cependant la Sublime-Porte, d'où relève
ce Prince, a posé des limites à ses droits ;
elle lui a concédé seulement la perception

de l'impôt du personnel, la capitation des moutons, celle des abeilles, l'exploitation des mines de sel, la perception des droits de Douane, etc., etc., qu'elle a évalués à quinze cent mille francs environ.

Mais d'où vient qu'en peu de temps le Prince, après avoir satisfait à son amour pour la dépense et fait la fortune des Boyards Fanariotes, grossi celle de quelques Boyards indigènes, se trouve-t-il lui-même possesseur d'une énorme trésor? D'où vient? C'est que ce Prince, ainsi qu'on va le voir, pressure arbitrairement ses sujets; c'est qu'il exploite les revenus du riche et les labeurs du pauvre sans mesure ni pudeur.

Voici une des causes principales de la rapidité avec laquelle se fait la fortune des Hospodars.

Depuis le 28 décembre 1783, époque à laquelle, après l'abdication du *Kan*, la Crimée devint province Russe, la Sublime-Porte, privée des ressources que lui offrait cette presqu'île pour les approvisionnemens de sa capitale, a dirigé ses vues vers la Moldavie et la Valachie, d'où elle tire maintenant le blé, les moutons, le beurre, le fromage, le suif, le miel, la cire, le bois de construction pour l'arsenal, etc., etc. Selon sa manière ordinaire de procéder, elle envoie, et fréquemment, des firmans pour faire faire des achats, et fixe en même temps la quantité des objets dont elle a besoin et le maximum du prix auquel elle prétend les payer. Ce prix ne s'élève jamais au-dessus du tiers de la valeur réelle de l'objet qu'elle fait acheter.

C'est toujours un sujet de joie pour l'Hospodar que la réception de pareils firmans. En reçoit-il un, il réunit de suite les Boyards, ses fidèles créatures ; il leur communique avec empressement l'ordre de Sa Hautesse. Supposons qu'il contienne une demande de cent mille charges de blé et de quarante mille moutons, les Boyards délibèrent ; car il faut encore qu'ils affirment, d'après les règlemens, que les *Tcharans* et autres sujets sont en état de fournir ces comestibles. Mais les Boyards sont tellement intéressés à ce que ces fournitures se fassent, qu'ils déclarent sans examen que les sujets sont en effet en état de remplir les ordres du Sultan. Dès lors Son Altesse entre dans son cabinet, et fait elle-même la répartition de cette espèce d'impôt.

Cette répartition, ainsi qu'on peut le penser, n'est jamais établie sur la lettre du firman. Comme le prix accordé aux habitans ne représente que le tiers de la valeur de l'objet fourni, le Prince, en bon spéculateur, quintuple la quantité, et au lieu de cent mille charges de blé, il en impose cinq cent mille ; au lieu de quarante mille moutons, il en réclame deux cent mille ; de manière qu'il demeure, pour cette fois, possesseur gratuitement de trois cent mille charges de blé et de cent vingt mille moutons, qu'il convertit bientôt en argent. Il ne faut pas croire que les gouverneurs de districts auxquels sont envoyés les ordres de l'Hospodar, négligent de faire exécuter la répartition faite par le Prince ; tout s'exécute en pareille circonstance avec une promptitude admirable.

La Porte veut-elle construire une for-
teresse, ou réparer une de celles qui existent aux confins de son empire, elle demande, par l'organe de ses agens, aux habitans du pays, dix mille ouvriers (par supposition) et un nombre de chariots ; elle
fixe le prix de la journée des uns et le prix
du confectionnement des autres. L'Hospodar s'arrange avec l'entrepreneur nommé
par la Porte, et quinze cents ouvriers seulement sont employés, tandis que le pays
à la charge duquel est la dépense paye le
salaire de dix mille ouvriers exigés par le
firman. La même concussion est exercée
sur la valeur des chariots et autres objets
matériels exigés par le Divan.

Le peuple n'est pas la dupe muette de ces
extorsions ; aussi dit-il dans son langage
proverbial : *C'est dans un orage imprévu,
que le loup se réjouit.*

Il est arrivé que des Boyards indigènes,
seuls défenseurs de leurs malheureux compatriotes, ont osé élever la voix contre ces
révoltantes rapines ; mais l'exil a bientôt

vengé l'Hospodar de cet acte de témérité. Si, par contre, un Boyard facilite au Prince le moyen de réaliser d'autres bénéfices par de nouveaux impôts, il est sûr d'être honoré de ses bonnes grâces, et de n'être oublié ni dans ses largesses ni dans ses faveurs.

Toutes ces concussions, auxquelles concourent la plupart des dignitaires des principautés, se réalisent sans aucun embarras. Le Prince semble y paraître étranger, bien que son dividende au profit soit énorme. Le blé et les bestiaux sont vendus, soit aux principaux habitans, soit aux peuples des provinces limitrophes, ou transportés sur les bords du Danube.

Il n'est pas inutile d'entrer dans quelques détails sur les moyens qu'emploie l'Hospodar pour augmenter ses finances ; et à ce sujet les faits suivans me paraissent assez curieux.

Les vins de la Moldavie et ceux de la Valachie sont, par leur extrême légèreté, sujets à se convertir en vinaigre. Pour éviter cet inconvénient, les propriétaires de vignobles s'empressent de transporter l'excédant de leurs provisions dans la Transylvanie, et d'en rapporter une eau-de-vie connue sur les lieux sous le nom de *Rack* ou de *Hulirka* dans la Moldavie. Cette liqueur, produite par la fermentation des fruits et de l'orge, flatte le goût des Moldaves et des Valaques. Ils en font une grande consommation, et d'autant que, lorsqu'elle jouit de la libre entrée, le prix en est très-modique. Mais l'avidité des marchands, protégée par la rapacité du Prince, trouve bientôt le moyen de la faire renchérir en obtenant de celui-ci un ordre qui en prohibe l'introduction ; cet ordre est toujours chèrement payé par les marchands. Quand je dis les marchands, je sous-entends le peuple, puisque c'est lui qui consomme et qui paye tous les frais du renchérissement.

La prohibition rendant cette boisson plus rare, son prix augmente, et la fortune des spéculateurs décuple.

L'introduction frauduleuse de cette liqueur entraîne la confiscation au profit du trésor du Prince.

Il arriva à une époque, que l'Hospodar voulant profiter du haut prix de ce liquide, se fit, mais d'une manière occulte, contrebandier lui-même. Il fit introduire dans sa province une quantité d'eau-de-vie, qui fut, à la vérité, confisquée par les gens de sa Douane, mais remise en consommation sans la moindre difficulté. Ce commerce qu'il fit d'une manière très-secrète, lui a valu des sommes considérables. Mais comme il ne pouvait répéter souvent ces introductions frauduleuses, parce qu'il aurait été enfin découvert, la disette se fit sentir : les débitans sollicitèrent la levée de la prohibition, et ne l'obtinrent qu'à prix d'argent.

Une autre ressource que se crée, de temps à autre, le génie fiscal de l'Hospodar, est celle de diminuer la valeur réelle ou représentative des monnaies étrangères à l'instant où il perçoit les impôts, et celui de la rétablir à l'époque de ses payemens. Il faut observer que la monnaie du Grand-Seigneur, la seule qu'il ne puisse pas interdire, ni déprécier, est très-rare dans les provinces.

Le Prince est héritier, de droit, de tout *Archimandrite* ou Chef de Couvent, et les couvens sont très-nombreux dans les deux principautés. Il paraîtra peut-être étonnant à mes lecteurs, que les Archimandrites puissent laisser un héritage, puisqu'ils ne sont que les chefs de leur communauté; mais il n'en est pas dans ces pays comme dans le restant de l'Europe, chaque moine peut thésauriser en son particulier. Quant aux moyens qu'il emploie pour acquérir des richesses personnelles, je ne crois pas qu'ils diffèrent de ceux qui ont été employés par les ordres monastiques de tous les temps et de tous les lieux.

Le Prince n'a aucun droit sur les revenus annuels ou éventuels des Monastères de la principauté, mais il a droit de changer leurs Chefs, ce qui équivaut à une redevance. La somme qu'il reçoit par le nouvel élu, au cas de déchéance, varie, selon l'importance du couvent, de vingt-cinq à cent cinquante mille francs , et Dieu sait si durant le règne d'un Hospodar , quoique court , les religieux d'un monastère conservent long-temps leur Supérieur , surtout s'il manque , par avarice , de prévenance à l'égard du Prince.

Si l'Hospodar n'a aucun droit sur les revenus d'un Couvent , il a des autorisations à donner pour en opérer les principales rentrées , et la signature de Son Altesse n'est pas celle d'un simple chancelier de consulat , elle se paye de toute autre manière.

L'Archevêque Métropolitain ou Chef du Clergé de la province jouit d'un revenu annuel de cinq à six cent mille francs. Son Altesse est son héritière de droit.

Cette charge , une des plus importantes de la principauté , est à la disposition de l'Hospodar ; car il peut déposer à son gré le Métropolitain : comme elle fut accordée au plus offrant , elle est également maintenue à celui qui sait le mieux en partager les revenus avec le Prince.

Il existe encore une foule d'autres charges soumises à la vénalité, et dont la no-
menclature serait ici trop longue à décrire :
il m'eût suffi peut-être de dire que le Prince
nommant à tous les emplois, retire de chaque dignitaire un droit de régale exorbi-
tant, et qu'il abuse de la faculté qui lui
est dévolue de placer ou de déplacer qui
bon lui semble.

C'est lorsque l'Hospodar a le pressenti-
ment de sa chute, qu'il trafique le plus des
charges de sa principauté.

Il se hâte, à la première lueur de sa décadence, de convertir son autorité en or.
C'est par ce moyen qu'on voit les Princes
Fanariotes descendre de l'Hospodariat au
rang des plus riches sujets de la Sublime-
Porte : car il n'est pas rare de les voir réaliser, en quittant le pouvoir, un capital
de dix millions de francs, s'ils n'ont régné
que deux ans.

Pour l'ordinaire, l'emploi de cette fortune mal acquise donne des inquiétudes à
son possesseur ; aussi le voit-on rarement,

ou plutôt jamais, devenir ostensiblement propriétaire dans sa province ; ou s'il y fait des acquisitions de terre, c'est à l'aide d'un nom supposé (1) ; s'il fait des placemens d'argent, c'est sur les fonds publics des divers royaumes de l'Europe. Il divise son capital, pour que la force réelle n'en soit pas connue ; enfin, jusqu'à la maison qu'il possède en propre dans le canal de Constantinople, figure dans le patrimoine d'un étranger. On assure pourtant qu'il se hasarde quelquefois à faire des placemens de fonds sur les caisses des communautés des Archevêques soumis au Patriarche Grec.

---

(1) Il est assez ordinaire de voir le Prince qui succède exercer sur ces propriétés de puériles vexations qui ne dénotent que bassesse et jalousie de sa part: par exemple, il inquiète par des persécutions les paysans qui les labourent ; il les surcharge d'impôts, dévaste leurs bois de haute futaie, et, sans nécessité, il fait traverser ces propriétés, soit par une grande route, soit par des canaux ou par un bras de rivière. Le Prince déchu reprend-il le pouvoir, il exerce sur son prédécesseur les mêmes moyens de vengeance : entre eux l'arbitraire et la haine sont des vertus mutuelles.

Les femmes ne gouvernent point dans les provinces; mais, comme dans tous les pays du monde , elles y exercent sur le peuple une autorité proportionnée à l'influence qu'elles ont sur l'esprit de leurs maris. L'épouse de l'Hospodar a sa puissance particulière ; elle jouit d'une considération modérée sur celle que lui accorde le Prince : son existence est brillante, et ses revenus sont distincts de ceux de son époux. Elle vit entourée d'une cinquantaine de jeunes filles qu'elle a amenées de Constantinople pour son service. Ses appartemens réunis portent le titre de Harem : les beautés qui l'habitent justifient véritablement ce titre.

Elle perçoit un droit de capitation sur les Bohémiens à demeure fixe, comme sur les Bohémiens nomades ; elle peut même disposer de leurs personnes , et les vendre au premier Boyard venu. Ce honteux trafic, qu'elle ne légitime que par la différence de couleur (ces Bohémiens sont mulâtres), s'exerce sur trente ou quarante mille individus qui habitent ces deux provinces.

Le droit de capitation est, pour chaque Bohémien à demeure fixe, de deux gros d'or, et pour chaque Bohémien nomade, d'un gros d'or seulement.

Ce droit de capitation est indépendant des autres servitudes stipulées en faveur de la Princesse ; car il est encore pour elle d'autres sources de richesses qui, réunies, font entrer dans son trésor un revenu annuel qui dépasse un million de francs.

Les courtisans, toujours ingénieux lorsqu'il s'agit de se ménager des moyens de fortune, ne négligent jamais celui que peut leur offrir l'intermédiaire de l'épouse du Prince ; aussi les voit-on, rangés autour d'elle, flatter son amour-propre, ses vertus, son esprit, et appliqués à lui faire entendre que ses hautes qualités lui donnent tous les droits possibles à prendre une part indirecte mais active à la marche des affaires publiques, et que le moyen infaillible d'y parvenir est d'influencer le Prince dans la distribution des charges et des honneurs ;

que par là elle se créera un parti puissant
parmi les Boyards indigènes presque autant
que parmi les Boyards Fanariotes; et, comme
si cet appas n'était pas assez puissant, ils
lui font entrevoir encore dans cette participation une source inépuisable de richesses.

Ces tartufes politiques parviennent malheureusement, et trop communément, à
circonvenir la sagesse de l'épouse de l'Hospodar ; car l'amour-propre, ce véhicule si
puissant et si facile à diriger, ne saurait
trouver plus de résistance dans l'âme d'une
femme, qu'il n'en rencontre ordinairement,
pour le malheur de l'humanité, dans le
cœur des hommes. Il arrive donc que, par
faiblesse ou par orgueil, la Princesse cède
à leurs conseils, et met toute son ambition
à s'emparer de l'esprit de son époux. Elle
y réussit par des causes diverses. Tantôt
le Prince cède par paresse, tantôt par con-
viction, quelquefois par irréflexion, le plus
souvent par une faiblesse condamnable chez
un chef gouvernant ; car, quel que soit
l'esprit de justice ou d'ordre qui puisse diri-

ger les volontés de la Princesse, le peuple ne peut que souffrir lorsque sa destinée est confiée à la mobilité et aux caprices d'une femme. On verra plus tard combien l'éducation que reçoivent dans leur enfance les femmes Fanariotes est peu propre à justifier l'empire qu'elles veulent avoir sur les affaires publiques, et combien leur influence a été funeste à plus d'un Hospodar.

Le luxe est aussi la passion dominante des Princesses Fanariotes ; elles le poussent à l'extrême. Il est vrai qu'elles rencontrent dans leur cour un puissant stimulant dans l'orgueil des dames Boyardes, qui veulent rivaliser avec elles en surchargeant leur toilette de diamans et de pierres précieuses, avec une profusion inconcevable ; aussi les revenus de la Princesse régnante sont-ils, en majeure partie, dissipés de la même manière qu'ils sont acquis, c'est-à-dire, sans pudeur. Il arrive que des dames Boyardes indigènes éclipsent effectivement par l'éclat de leur parure l'épouse du Prince ; mais alors ces maladroites sujettes sont, sous un prétexte quelconque, éloignées de la cour. Mais cet exil, qui ne saurait satisfaire entièrement la vanité de la Princesse, n'est qu'une espèce de terme qu'elle s'accorde pour faire venir de Vienne ou de la Hollande des pierreries qui par leur beauté doivent faire pâlir celles de ses imprudentes rivales. Alors elles sont rappelées à la cour, où la Princesse les punit de la vue de ses nouvelles parures.

Ces détails, qui paraîtraient déplacés dans l'histoire du peuple dont j'entretiens mon lecteur, ne sont point ici sans intérêt; ils donnent une idée, et j'ose même dire une idée très-exacte du caractère prédominant des femmes de la cour de l'Hospodar; d'autant que cet amour pour le luxe, qui est la maladie épidémique des gens riches des Principautés, est une des causes principales des exactions du Prince et, par suite, des malheurs du peuple.

Nous avons vu rapidement, et c'est ainsi qu'il fallait le voir, quels étaient les principes et les usages suivis par le Prince

Fanariote dans l'administration de ses affaires.
Je crois qu'il est utile de ramener l'attention du lecteur sur l'esprit qui dirige la conduite des Boyards pendant la régence du Prince.

Ce serait une grande erreur de croire que le despotisme du Prince est totalement indépendant de la puissance du corps des Boyards indigènes et de la sordide ambition des Boyards Fanariotes ; il n'est tyrannie si bien établie qui n'ait besoin de s'appuyer sur une aristocratie quelconque ; et celle des Boyards, quoique ne ressemblant en rien, par sa physionomie et par ses abandons, aux autres aristocraties, n'en est pas moins une : elle gênerait le Prince, s'il ne la gagnait en l'associant à ses œuvres.

Les Boyards indigènes, et plus particulièrement les Boyards Fanariotes, se prêtent avec beaucoup de complaisance aux désirs de l'Hospodar : sans eux il ne pourrait jamais parvenir à l'accomplissement de ses projets, et à tel point qu'on pourrait avec quelque justice les rendre passibles de ses exactions.

Je vais faire connaître l'esprit qui dirige les Boyards Fanariotes, à l'époque de l'entrée en fonction de l'Hospodar, et j'emprunte pour cela leurs propres paroles.

Voici, dans toute sa nudité, le discours qui a été tenu par eux dans cette circonstance : quelque exagéré qu'il puisse paraître, je prie mes lecteurs de ne mettre en doute aucune de ses expressions; elles sont textuelles.

« Nobles Boyards, il est enfin arrivé ce « temps si désiré par nous; il faut le mettre « à profit; car l'homme opulent n'a qu'à « désirer : tout seconde ses vues. L'artisan « travaille pour lui, et c'est encore pour « lui que les sciences et les arts sont pro- « digues de miracles. Laissons aux philo- « sophes le soin de persuader aux pauvres « que la vie des riches est misérable, et « qu'elle ne peut ni ne doit faire envie; « qu'un ambitieux n'est qu'un être injuste « et digne du mépris des sages. Amis, « cette morale est bonne pour le vulgaire ; « mais elle ne vaut rien pour nous. Em-

« pressons-nous de nous enrichir. Il est
« vrai qu'il nous faudra tondre de près
« la laine de nos brebis ; mais quel danger
« courons-nous ? Ne nous couvrons-nous
« pas du manteau du Prince ? N'est - ce
« pas sa tête seule qui répond de son ad-
« ministration ? Et, au surplus, l'argent
« ne sauve-t-il pas de tous les dangers ?
« Est-il réputation qui puisse se flétrir,
« quand elle a l'or pour protecteur? Croyons-
« le : il vaut mieux mettre la main sur l'ar-
« gent que sur la conscience. »

Ce langage, quelque révoltant qu'il soit,
est celui que je puis affirmer avoir été tenu
par des Boyards Fanariotes. Sera-t-on étonné,
par la suite, de leurs nombreux méfaits et
des vexations inouïes qu'ils font supporter
au peuple des Principautés ?

Les paysans Valaques et Moldaves, connus, comme nous l'avons déjà dit, sous
le nom de *Tcharans*, sont plus particulièrement les objets du mépris des Boyards.
Ces infortunés semblent n'exister que pour
l'avarice des Fanariotes. Ce n'est qu'avec

inquiétude qu'ils labourent leurs champs :
ils appréhendent, avec raison, que le produit
de leurs travaux ne devienne le patrimoine
de leurs persécuteurs ; car quelque ignorans
qu'ils puissent être, le sentiment de la crainte
est aussi chez eux celui de la réflexion,
et s'ils confondent, dans leurs murmures,
le nom du Prince avec celui de son Boyard,
c'est qu'ils savent parfaitement que leurs intérêts sont communs dans la rapine publique.

Outre que la presque totalité des fruits
qu'ils obtiennent de leurs labeurs, sont,
en quelque sorte, la propriété du fisc,
leurs capitaux aratoires le sont aussi ; car
les Boyards peuvent, quand bon leur semble,
employer les chevaux et les bœufs du Tcharan pour leur service, ou pour celui du
Prince, ou pour le charroi du bois de
construction que l'on destine à l'arsenal de
Constantinople.

On voit quelquefois ces malheureux paysans, poussés au désespoir par les vexations
des Boyards, commettre l'inutile imprudence de venir dans la capitale, sous les

fenêtres du Prince, et lui demander à grands cris d'accepter leurs réclamations. Après les avoir laissé long-temps crier, l'Hospodar leur envoie un Tchaoûche, qui prend leur pétition. Si elle contient des plaintes contre les Boyards ou ses agens, les pétitionnaires, par son ordre, sont plongés dans les cachots, où ils vont apprendre que les petits doivent patiemment souffrir les vexations des grands, et qu'il est reconnu dans les provinces qu'un Boyard a toujours raison lorsqu'un Tcharan se plaint de lui au Prince.

Par ce traitement, l'Hospodar veut faire connaître, quelque persuadé qu'il soit du contraire, que ses Boyards sont incapables d'abuser de leur pouvoir. Il veut, en outre, par cet exemple, ôter aux Tcharans l'envie de réclamer contre les Boyards, quelques motifs légitimes de plaintes qu'ils puissent avoir contre eux.

Lorsque les pétitions ne contiennent rien contre les employés de Son Altesse, qu'elles ne renferment que des demandes de grâces

ou des réclamations de particuliers à particuliers, le Prince les reçoit gracieusement ;
s'il s'agit d'une discussion d'intérêt, il
juge en présence des parties, et prononce
assez souvent un arrêt qui rappelle la fable
de *l'Huître et des Plaideurs.*

Il y a confusion complète dans le système
des lois sur lesquelles s'établit le droit commun des habitans des provinces: à quelques
lois Ottomanes s'allient des vestiges du code
Justinien et un chaos inexplicable d'usages
locaux. Chaque Prince pouvant fabriquer
autant de lois que bon lui semble, les
Moldaves et les Valaques sont incessam-
ment spoliés, tantôt en vertu d'une ordon-
nance, tantôt au nom d'un firman, tantôt
sur l'ordre le plus simple du Prince, contre
lequel ils ne peuvent opposer aucune loi
protectrice ; car la loi qu'ils pourraient in-
voquer serait toujours repoussée par une
autre qui conviendrait davantage, soit à
l'opinion, soit au besoin du Prince. L'o-
béissance passive est donc de rigueur dans
un pays où l'on ne peut légalement dé-

sobéir ; aussi le monopole administratif ne rencontre-t-il aucun obstacle ; il marche avec cette assurance que donne la certitude de l'impunité , et qu'enhardit la timidité de l'esclave.

Quelques sujets de mécontentement que puissent avoir les Tcharans , ils n'ont jamais eu le généreux courage, depuis plus d'un siècle , de se soulever en masse contre leurs tyrans, ni celui de faire parvenir leurs plaintes au Divan. J'ai lu , à cet égard , dans un journal français , des observations que je crois devoir rappeler ici (1).

----

(1) La Valachie et la Moldavie, qui , par la révolte des Grecs , ont attiré l'attention de l'Europe , ne lui sont que très-imparfaitement connues ; et comme les indigènes n'ont pas les moyens de nous éclairer sur leur état, l'ignorance et l'esprit de parti y trouvent une vaste carrière pour débiter hardiment, sans crainte d'être contredits , ce qui leur paraît favorable à leur but. Ces faussetés , recueillies par les gazettes , confirmeraient le public dans l'erreur , si un ami de la vérité ne lui offrait les notices suivantes, qu'on peut regarder comme authentiques.

« Ces provinces, de même que la Transylvanie, con-

Leur vengeance se borne à trois moyens différens, qui tous tournent au profit de l'Hospodar et de ses affidés.

---

quises sur les Daces, et repeuplées par les Romains, qui ont transmis aux habitans actuels leur idiome, les usages, les formes et les noms, ont servi, après la chute de l'empire d'Orient, de passage aux migrations des peuples nomades, et d'arènes sanglantes au choc de leurs masses. Durant ce conflit destructeur, les *Romou-nis* (c'est le nom actuel des Valaques et des Moldaves), qui, sous l'empereur Aurélien, avaient passé sur la rive droite du Danube, cherchèrent leur salut dans les Monts Carpathes, auxquels ils doivent la conservation de leurs races. Les barbares s'étant par la suite fixé dans des pays conquis, abandonnèrent ces provinces comme trop ouvertes aux attaques des agresseurs et dépourvues de villes et de forts. Les *Romou-nis*, qui jusqu'alors avaient vécu en peuples pasteurs, quittèrent leur asile, et, sous la conduite de leurs princes, se remirent en possession des pays situés entre le Danube, les Monts, la Mer–Noire et le Dniester ; et renforcés par leurs compatriotes du Maramoroch et de la petite Valachie, ils ont maintenu leur indépendance contre les prétentions des Rois de Pologne et de Hongrie, en tirant parti de la rivalité de ces royaumes. Mais les Ottomans, passés en Europe, les mirent de nouveau en danger. Les Valaques et surtout les Moldaves ont soutenu contre eux une lutte

Le premier consiste dans l'émigration
des habitans des villages qui confinent les
États Autrichiens ou Russes ; mais, tandis

------

inégale, par des sacrifices et des faits héroïques presque
inconnus au monde : *carent quia vate sacro.*

« Le grand Étienne, leur prince, en combattant
pendant un demi-siècle, humilia l'orgueil des deux
Sultans, et mit des bornes à leurs progrès ; mais la
chute de la Hongrie décida ce prince à ordonner, dans
son testament politique, la soumission volontaire de la
Moldavie à l'Empire Turc, à titre de suzeraineté, ce
qui s'effectua en 1529 ; et Soliman signa à Bude l'acte
par lequel il assurait à la Moldavie le libre exercice
de sa religion, de ses lois, l'administration de ses
finances, et l'élection des princes. Ceux-ci devaient
être confirmés par la Porte, à laquelle les Moldaves
s'engageaient à payer annuellement 4000 ducats, comme
don gratuit. Mais cette soumission ne leur a valu que
des avantages passagers ; car, forcés par la suite de
combattre tantôt pour les Turcs, tantôt pour secouer
leur joug, les Moldaves perdirent ces avantages en
1711, à l'époque où Pierre-le-Grand, dans sa guerre
contre la Porte, trouva dans le prince Cantemire un
allié fidèle et éclairé avec lequel il conclut à Luck un
traité qui restituait et garantissait à la Moldavie tous
ses anciens priviléges, et à la famille du prince Cantemire sa dignité héréditaire.

« L'issue funeste de la campagne du Pruth a puisqu'ils sollicitent les bienfaits des Empereurs sur les terres desquels ils demandent un asile, l'Hospodar confisque leurs

---

samment influé sur le sort des deux provinces. La Porte, devenue méfiante, y envoya pour princes des Grecs du Fanar (de Constantinople), qui ont signalé leur administration par la spoliation des habitans , par la dégradation du caractère national et par la corruption de leurs mœurs. La noblesse, divisée par leurs cabales, les laissait empiéter sur ses droits aristocratiques; les cultivateurs négligés s'appauvrirent et s'abrutirent sous le poids des exactions ; le commerce languit dans les entraves du monopole ; les grands biens du clergé, destinés par les anciens princes à des établissemens pieux, furent concédés aux abbés grecs , qui s'enrichissaient au détriment de la civilisation et des institutions bienfaisantes , qu'ils privaient des moyens nécessaires pour la formation et l'entretien des écoles publiques. Tel fut, pendant un siècle , le résultat d'une administration vénale , qui ne se soutenait au dehors et au dedans que par des intrigues. La plupart de ces princes cherchaient dans la défection la jouissance des fruits de leurs rapines. Ceux qui les supplantaient trouvèrent de nouvelles ressources dans la vanité des particuliers qu'ils élevèrent au rang de Boyards , au prix d'une partie de leur fortune. Ils avilirent par là l'ordre de la noblesse, en lui incorporant un nombre disproportionné à la population et aux moyens du pays. Les

biens, et frappe encore d'une amende les parens des fuyards, pour cause de non-révélation de projet d'émigration.

---

notables, témoins de la subversion de leurs droits et des institutions de leur patrie, furent presque exclus de toutes les charges, qui étaient dévolues uniquement aux Grecs. Ceux-ci affluèrent de toutes parts, et se mirent à la fin en possession de toutes les ressources du pays et de la force armée, composée d'Arnautes mercenaires. Ces pays où les Grecs avaient trouvé un asile, l'hospitalité et l'unique ressource de la prospérité à laquelle leurs dynasties et familles nobles doivent leurs titres, furent à la fin, par leur arrogance et leur aveuglement, enveloppés dans une catastrophe, nuisible même au plan de ses auteurs, et étrangère aux intérêts des habitans, qui n'y ont pris aucune part, puisque leurs oppresseurs n'étaient pas les Turcs, dont l'influence directe dans les principautés était alors fort diminuée par les traités et la protection de la Russie. Le but de la révolte dans les principautés était de provoquer sur elles la vengeance des Turcs. Des combats funestes les ont ruinées de fond en comble.

« Le quart des habitans, ainsi que presque tous les Boyards, émigrèrent dans la Transylvanie, la Buchovine et la Bessarabie, d'où ils voyaient le pillage, l'incendie et le massacre désoler les foyers qu'ils avaient abandonnés. Les employés subalternes, qui étaient restés dans le pays, s'emparèrent des premiers postes

Le second consiste dans le brigandage : ils se font voleurs de grands chemins. Ce sont ordinairement les Tcharans des villages

---

du gouvernement ; et ayant su obtenir, par le caïmacan grec Vogorides, la confirmation de leurs grades, ils constituent à présent une espèce de parti d'opposition. Durant tout ce temps, le Boyard Jouan Sauddoul Stourdza, issu de la plus noble famille, n'avait pas quitté la Moldavie. Attaché à sa patrie par les vertus de ses ancêtres, il la servait au milieu des dangers ; il resta constamment à la tête du district dont il était gouverneur, et qui, administré par ses soins, a le moins souffert. Les chefs turcs lui confièrent une partie des affaires, dans la gestion desquelles il a parfaitement répondu à la réputation de probité et de zèle dont il jouissait.

« La Porte étant engagée à rétablir l'ordre dans les principautés, en fit venir deux députations composées des Boyards qui s'y trouvaient, et qui, conjointement avec les émigrés et le clergé, réclamèrent auprès de la Porte le rétablissement de leurs anciens priviléges et du gouvernement national.

« Cette restauration, conforme au nouveau système de la Porte, aux droits, aux vœux et aux besoins des habitans, leur fut accordée. La Porte traita les députés avec magnificence, et avec une douceur extrême. Elle s'informa de l'état du pays et fixa son sort futur, dans les conférences chez le Reiss-Effendi, auxquelles le

situés au centre de la Principauté qui prennent ce honteux parti, par la difficulté que leur oppose l'émigration. Qu'en arrive-t-il?

Grand - Seigneur assistait incognito. Sa Hautésse s'y procura les renseignemens nécessaires qui décidèrent son choix. Le résultat fut la nomination du Boyard Ghika à la principauté de Valachie, et de Jouan Stourdza à celle de Moldavie. Le Grand-Seigneur leur fit déclarer que sa volonté était qu'ils gouvernassent ces provinces d'après leurs lois et leurs anciens priviléges; qu'il attendait de leur amour pour la patrie, et de leur fidélité envers la Porte, le rétablissement de la prospérité et le maintien de la paix. On mit sous leurs ordres une garde qui doit exercer la police intérieure, jusqu'à la formation d'une milice nationale. Quoique la nomination des princes, leur installation, le retour des consuls d'Autriche et de France, et la déclaration du Congrès de Vérone, fussent des marques certaines du rétablissement de l'ordre et du maintien de la paix, néanmoins les ennemis du pays continuent de répandre sur ces principautés des bruits absurdes. Parti de la Bessarabie vers la fin de février, j'ai traversé la Moldavie: la tranquillité la plus parfaite y régnait. Les habitans considèrent cette restauration comme un moyen capable de compenser les maux passés. Il n'y avait pas d'autres Turcs que ceux qui composent la garde, et qu'on espérait pouvoir bientôt remplacer par une milice nationale. Le prince Jouan Stourdza jouit de l'affection et

La politique du Prince est de les laisser
agir, de favoriser leurs rapines, non-seulement en ne les faisant pas poursuivre,
mais encore en ne prenant aucune mesure
pour préserver les voyageurs de leurs at-

---

de l'estime générale. Il est très-populaire ; sans avoir
brigué sa dignité, il met son ambition à remplir les devoirs qu'elle lui impose. Il connaît les plaies et les besoins du pays, et il travaille sans relâche au rétablissement de la prospérité publique, encourageant l'agriculture, l'économie et le commerce, qui commencent
à reprendre leur activité. La confiance en sa justice reconnue a engagé tous les émigrés à rentrer, de même que
les Grecs, qui, ayant donné caution de leur conduite,
jouissent de la liberté et de tous les avantages civils. Il
est faux qu'on les ait enfermés ou livrés aux autorités
turques. J'ai été témoin du retour de M. Benjamin,
primat de Moldavie : il a été reçu avec tous les honneurs et le respect dus à son caractère et à ses vertus.
La plupart des Boyards sont déjà rentrés ; le reste se
prépare à retourner aussi, pour se ranger autour d'un
prince national depuis long-temps désiré, pour rétablir
leurs anciens droits et leur lustre, pour seconder ses
vues bienfaisantes, et pour veiller conjointement au
salut de la patrie, qui, dans des circonstances aussi
critiques, met sa confiance dans les lumières et l'amour
de ses enfans. » (*Journal des Débats du 5 mai* 1823.)

taques. Dès qu'il suppose que leur butin peut être considérable, il dépêche contre eux une douzaine de cavaliers Albanais Grecs de sa garde; et comme ils sont, de leur nature, peu belliqueux, il suffit de cette petite troupe pour en capturer cinquante à soixante. Une fois pris, on leur ôte leurs vêtemens, et ces dépouilles profitent aux capteurs. On les conduit attachés dans la Capitale, où on les applique à la torture (1),

---

(1) A l'imitation du four du *Bostangi-Bachi* de Constantinople.

On parle beaucoup en Europe du tribunal de l'inquisition, de sa barbarie et de ses actes arbitraires ; mais on y parle peu du four du Bostangi-Bachi de Constantinople, où il se commet des horreurs beaucoup plus noires que dans les cachots du Saint-Office. Mon lecteur sera sans doute bien aise de lire quelques mots sur ce lieu infernal.

On nomme, à Constantinople, Four du Bostangi-Bachi, un cachot situé dans un local bâti dans l'enclos du sérail : sa dénomination dérive de ce qu'à l'entrée de ce local, est bâti le four où se cuit le pain du Bostangi-Bachi (*).

On voit dans ce lieu détestable des instrumens de

(*) Timonier du bateau du Grand-Seigneur.

afin de leur faire avouer le lieu où ils ont caché leur butin. qui, découvert. appartient au juge - criminel, appelé *Grand-Armasi*,

---

tortures de toutes les espèces ; les uns servent à la question légère , les autres à la question *exterminatrice*.

Les tourmens qu'on fait souffrir aux malheureux qu'on transporte dans ce Ténare, sont tellement horribles, que ma plume se refuse à les décrire. J'ai été introduit une seule fois, et par protection, dans cet abominable séjour, et mon esprit est encore troublé du spectacle qu'il m'a offert. Je suis encore à concevoir comment des hommes peuvent se livrer à cet excès de barbarie.

Et à qui pense-t-on que sont réservés ces instrumens de tortures? A des banquiers, à des intendans, à des trésoriers, aux riches propriétaires, et particulièrement aux favoris des grands personnages, surtout à ceux des Pachas décapités ou morts naturellement. C'est toujours pour obtenir d'eux des révélations sur les trésors qu'on suppose être à leur puissance, qu'on leur applique les questions légères ou *exterminatrices*.

Et ce qui révolte encore l'esprit, c'est qu'on peut être conduit dans ce lieu sans ordre souverain, que les ministres même ignorent souvent que tel ou tel individu souffre le martyre au four du Bostangi-Bachi

Voici un fait qui prouvera combien d'innocentes victimes ont été torturées dans cet antre.

Haled-Effendi , favori du Grand-Seigneur , avait dé-

et, comme je l'ai déjà dit, le juge - criminel est toujours un proche parent de l'Hospodar.

Ces voleurs sont ensuite condamnés par le Prince à servir pendant un laps de temps dans les mines à sel de la Principauté ; connues sous le nom de *Hôcnes ;* mais ce

---

posé en 1817, dans la caisse de son banquier de nation juive à Constantinople, une somme de 300,000 fr. qui fut soustraite pendant la nuit. Un jeune Grec accusa de ce vol un banquier arménien, nommé Agopzan-Agà, un Turc, frère d'un Bey de Candie, et son oncle, Curé à Cadi-Cioy. Ils furent saisis tous les trois, et impitoyablement conduits au four du Bostangi-Bachi, pour y être appliqués à la torture, vu qu'ils niaient le crime. Ils supportèrent trois mois les tortures les plus épouvantables. Le Curé fut pendu trois fois par la barbe et par les cheveux. Le Turc expira dans les douleurs. On n'a pu obtenir d'eux que des aveux momentanés qu'ils rétractaient presqu'aussitôt.

Enfin, on reconnut plus tard que le jeune Grec était un imposteur salarié par le juif ; que les trois suppliciés étaient innocens, et que l'auteur du vol était le caissier du banquier d'Haled-Effendi.

Le banquier arménien rentra chez lui, appauvri et tellement mutilé par la question, qu'à son aspect, sa sœur perdit subitement la raison sans avoir jamais pu la recouvrer depuis.

temps est calculé de manière à absorber l'existence du malheureux condamné : car on n'a vu que très-rarement les mineurs vivre plus de cinq ans dans les *Hocnes*. D'après les renseignemens que j'ai pris sur les lieux, le nombre des condamnés aux mines pour fait de brigandage s'élève, année commune, de cinq à six cents, et celui des mineurs en général de quatre à cinq mille.

Ce second moyen de vengeance profite donc encore au Prince, puisque les mines s'exploitent en sa faveur.

Le troisième moyen est d'une moralité bien différente. Les Tcharans qui ont quelque fortune, et qui veulent se soustraire aux vexations du Prince et de ses Boyards, embrassent l'état ecclésiastique; et comme le mariage n'est pas incompatible, dans le rit grec, avec l'apostolat, on voit une assez grande quantité de Tcharans mariés prendre les ordres, quelque illétrés qu'ils puissent être. Ce qui paraîtra étonnant aux lecteurs peu versés dans les usages valaques et moldaves, c'est que, dans les Principautés, on peut être en même temps laboureur et ecclésiastique. Le Métropolitain reçoit un tribut de ces prêtres-paysans ; et, comme le Prince hérite de l'Archevêque métro-politain, il résulte que ce troisième moyen de vengeance ou de précaution lui profite encore tôt ou tard.

Malheureux Moldaves et Valaques ! voilà donc le système de gouvernement qui vous régit ! En vain adressez-vous des supplications au Prince ; il est sourd à votre voix ; c'est son intérêt seul qu'il écoute : il règne pour lui et pour les parens qu'il traîne à sa suite, et non pour votre félicité. Vos Boyards indigènes, revêtus de dignités, sont frappés de stupeur ou dorment dans une fâcheuse apathie ; vos sages, que le Prince éloigne de ses conseils, se réfugient dans une fatale nullité ; et si, guidés par un mouvement généreux, ils voulaient élever la voix, leur ruine et celle de leurs familles seraient la récompense de leur dévouement.

Les consuls européens qui résident dans vos provinces, gardent une neutralité obligée ; ils ne peuvent apporter aucun remède à vos maux.

Daces, vos malheurs ne sont point encore à leur terme ; ils dureront aussi long-temps que votre fertile patrie sera limitrophe des puissans États qui l'avoisinent! La politique ne veut point que vos provinces soient gouvernées comme le reste de l'empire Ottoman : vous êtes devenus les esclaves des Fanariotes, et les esclaves les plus infortunés que puissent présenter les fastes de l'histoire !

Vos fers, vous les devez à votre ignorance, à votre superstition et à votre pusillanimité ; car vous n'êtes plus les enfans du belliqueux ÉTIENNE. Vous fuyez devant les périls, et vous baissez un front humilié à l'aspect d'un despote arrivé du Fanar avec une horde de prolétaires avides de votre or. Cet or, qu'ils arrachent de vos débiles mains, est le principal mobile de vos souffrances ; il est toujours jeté par eux dans la balance de la justice. Le seul bienfait que vous puissiez espérer de la Providence, est celui d'avoir un jour pour maîtres vos défenseurs naturels, vos Boyards indigè-nes (1) : hors de là, n'espérez jamais de bonheur. Les Fanariotes sont incapables de vous le prouver, tant qu'ils ne se dépar-tiront pas de l'affreux système de gouver-nement qu'ils ont adopté à votre égard ; et rien ne démontre qu'ils puissent s'en départir.

Nous avons vu de quelle manière s'éle-vait le Fanariote à la haute dignité d'Hos-podar, quelle était sa façon d'agir dans l'exercice de sa souveraineté ; nous allons à présent voir, à Constantinople, quelles sont les intrigues dirigées contre lui par ses propres partisans ; et nous verrons plus tard la part qu'il prend lui-même à l'œuvre de sa chute.

____

(1) Ils les ont aujourd'hui dans les personnes des Hospodars Ghika et Stourdza.

CHAPITRE II.

Du Bâche-Capi-Kiahaya ou représentant du Prince à Constantinople. — Intrigues Fanariotes.

C'EST un usage constant dans l'administration de l'Empire Ottoman, que chaque
haut fonctionnaire de l'État qui réside hors
de Constantinople, accrédite auprès du Divan un délégué qui reçoit directement des
ministres de Sa Hautesse les ordres qui con-
cernent son administration, et qui doit,
au besoin, répondre aux interpellations des
membres du Divan sur tout ce qui a rapport
à sa gestion. Ce délégué se nomme *Bâche-
Capi-Kiahaya.*

C'est pourquoi chaque nouvel Hospodar,
en quittant les murs de Constantinople pour
se rendre dans sa Principauté, laisse au-

près de la Sublime-Porte un Fanariote revêtu du titre de *Bâche-Capi-Kiahaya.*

Il fait ordinairement choix, pour remplir
cette importante charge, d'un de ses proches parens, ou, à défaut de ceux-ci, de
la personne qu'il juge lui être la plus dé-
vouée, et qui, par son zèle, s'est acquis
des droits à sa confiance.

Je dis que cette charge est importante,
et en effet elle ne peut l'être davantage,
puisque celui qui en est revêtu, tient, pour
ainsi dire, entre ses mains la destinée de
son mandataire.

Ce représentant a auprès de lui un nombreux personnel qui reçoit un salaire de
l'Hospodar : lui-même touche des émolumens assez considérables.

C'est parmi ce personnel que le Prince
choisit ordinairement un affidé qui veille
secrétement sur la conduite du Bâche-Capi-
Kiahaya ; car dans ce pays, où l'intrigue
et la perfidie sont à l'ordre du jour, il n'est
point de confiance qui n'admette quelque
suspicion.

C'est presque toujours un homme très-
occupé que le représentant d'un Hospodar,
s'il veut accomplir ses devoirs ; car il doit,
d'une part, exécuter les ordres de son
Prince, et lui faire parvenir ceux qu'il reçoit du Divan ; distribuer, avec toute la
prudence possible, les cadeaux obligés aux
Grands de l'Empire ; étudier le caractère
des uns et la manière de penser des autres,
le tout dans l'intérêt de son maître ; tandis
que, d'autre part, il doit avoir sans cesse les
yeux ouverts sur les intrigues que dirigent
contre l'Hospodar les ambitieux Fanariotes,
et particulièrement les Princes déchus, si
toutefois ils n'ont pas succombé sous le sabre
du *Capdgi-Bachi*. Le Prince n'est pas plutôt investi de sa nouvelle dignité, qu'une
nuée d'envieux menacent déjà sa fortune.
Comme d'avides collatéraux, les Princes
du Fanar soupirent après sa chute ; ils saisissent avec empressement tous les faux
bruits qu'enfante la jalousie : la nouvelle
du jour annonce assez ordinairement la disgrâce prochaine ou la mort prématurée
d'un des Hospodars.

Mais, je le répète, ce qui occupe le plus le Bâche-Capi-Kiahaya de l'Hospodar, ce sont les intrigues des Princes dépossédés et celles de cette foule de parens qui, par leur déchéance, sont rentrés dans la classe ordinaire des oisifs du Fanar. Ceux-ci, par les relations qu'ils ont conservées dans les Principautés, sont toujours au courant des faits qui peuvent nuire au Prince régnant, et qui lui nuiraient en effet, si le crédit dont il jouit auprès du Divan n'était pas utilement défendu, soit par sa politique, soit par ses protecteurs.

Le délégué fidèle et adroit déjoue assez communément toutes les basses menées des ennemis de son Prince. Sa police est active, et ses moyens de séduction plus que puissans; car, ainsi que nous l'avons vu plus haut, l'Hospodar peut faire des sacrifices pécuniaires pour la conservation de sa place. Ces sacrifices s'élèvent quelquefois à des sommes considérables : il faut bien qu'il y consente, car il ne s'agit rien moins, pour détourner une faveur dangereuse, que de faire exiler des personnages éminens, si l'on ne parvient à corrompre l'affection qu'ils portent aux ennemis du Prince.

Nous verrons bientôt si les intentions et la conduite du délégué ne se démentent jamais, si son zèle est toujours exempt de félonie ; s'il n'exerce point à Constantinople, à l'égard des individus des Principautés, le même esprit d'injustice qui dirige son Hospodar à Bucharest ou à Jassy.

Dès que le représentant du Prince à Constantinople a corrompu les protecteurs des ennemis de son maître, il n'a de repos que lorsqu'il a obtenu l'exil ou la mort de ces mêmes ennemis ; et ces deux moyens de vengeance lui sont rarement refusés. Par ces expédiens barbares, les ministres se débarrassent des solliciteurs qu'ils ont vendus, et soulagent les inquiétudes de l'Hospodar qui les a achetés.

Ces résultats peu satisfaisans ne découragent néanmoins pas les solliciteurs ; du lieu même de leur exil, ils poursuivent leurs ambitieux projets, et malgré les innombrables barrières qui les séparent de Sa Hautesse, et en dépit de la vigilance du délégué, on en a vu qui ont réussi à faire parvenir à sa connaissance les exactions des régens dont ils convoitent la puissance.

Il faut avoir vécu parmi les Fanariotes pour se faire une idée des moyens qu'ils emploient pour parvenir à leurs fins. La chute d'un grand personnage est souvent attribuée, en Europe, à des causes éminemment politiques ; tandis qu'elle n'est souvent que le résultat d'une révérence faite à propos, d'une adroite mais perfide insinuation, ou de l'or abondamment répandu.

On se fait généralement, en France comme ailleurs, une étrange idée sur le système d'administration suivi par les ministres du Divan. J'ai vu des hommes d'un génie supérieur raisonner diplomatiquement sur l'exil ou la décapitation, soit d'un Visir, soit d'un Pacha, soit d'un Hospodar, et vouloir toujours rattacher un pareil événement à des causes politiques. Leur erreur

provient de l'ignorance où ils sont du principe qui dirige les hommes en place dans
l'Empire Turc. Ils s'imaginent qu'il règne
un ordre quelconque dans leur façon d'a-
gir ; et comme tout est subordonné , chez
eux , à la justice et à l'harmonie des lois,
ils pensent qu'il doit en être de même à
Constantinople ou dans toute autre ville de
l'Empire Ottoman. Il n'en est rien : le ministre turc n'écoute que son intérêt ; il ne
peut être l'esclave ni l'observateur d'un régime qui n'existe pas. Il provoque la des-
titution ou la mort d'un dignitaire , sans
subordonner sa résolution aux convenances
politiques ni aux lois de la justice. Il obéit
à son avarice ou à ses haines particulières,
et les plus grandes catastrophes ne sont,
pour l'ordinaire, pas plus la conséquence des
intérêts généraux que les hautes fortunes
dont il est l'artisan ne sont les résultats des
services rendus à la cause publique. Cette
vérité explique la fréquence des élévations
et les abaissemens de fortune qu'on remarque dans l'étendue de l'Empire Turc.

C'est à l'omnipotence des grands dignitaires de cet Empire qu'il faut les attribuer. Or, ce que négligent ordinairement d'approfondir les ambassadeurs ou chargés d'affaires étrangères spécialement désignés pour suivre les événemens de ce genre, ce sont les circonstances privées de la vie de ces grands dignitaires : ce sont elles qui presque toujours gouvernent les grands événemens dont le siècle est témoin (1).

Les Fanariotes sont très-habiles dans l'art

____

(1) J'ai pourtant connu à Constantinople un diplomate habile, nommé Franchini (François), qui a été long-temps et d'une manière distinguée Drogman de l'Ambassade Française; c'est, peut-être, de tous les hommes attachés aux légations, celui qui a le mieux étudié la diplomatie turque, et qui a exercé le plus d'influence sur les Ministres Ottomans. Homme profondément versé dans les affaires, il les a souvent dirigées avec une adresse qui a toujours été profitable à son Souverain et utile même à la Sublime-Porte. Il ne négligeait point les particularités qui liaient les choses aux hommes; insinuant et adroit, il pénétrait dans la pensée même des membres du Divan. Rien n'échappait à sa sagacité, et dès qu'il avait jugé telle mesure

de circonvenir les hauts personnages qui doivent servir leurs projets : ils connaissent toutes les voies qu'il faut suivre pour s'emparer de leur esprit. C'est cette habileté qui fait leur force ; car ce n'est pas tout d'in-

nécessaire, il montrait beaucoup de caractère pour en obtenir l'accomplissement.

Il connaissait, autant qu'il était possible de les connaître, les Fanariotes et leur politique. Il devinait leurs intrigues et les déjouait avec une extrême finesse quand les besoins de ses relations l'exigeaient.

Cet homme habile n'appartient plus à la Légation Française depuis quelques années. L'Ambassade Russe s'est enrichie de son acquisition. On assure que ce sont de hautes considérations politiques qui ont fait perdre à la France l'appui du savoir et de l'expérience de ce savant diplomate.

Il était parfaitement secondé par M. Pierre Franchini, son frère, qui, élevé à son côté, ne lui était inférieur ni en adresse, ni en savoir.

Toute la Turquie connaît les frères Franchini, et on ne les cite jamais dans ces contrées sans rendre hommage à leur mérite.

Je ne prétends point faire, par cet éloge, la critique des personnes attachées aujourd'hui à l'Ambassade Française, au mérite desquelles je rends l'hommage le plus désintéressé.

venter une machine, il faut encore s'en servir utilement.

Les Turcs ne méprisent jamais l'amitié des Fanariotes, parce qu'ils connaissent combien elle peut leur être utile. Si leur fierté et leur religion les empêchent de la solliciter, leur politique leur enseigne, au contraire, à ne jamais la refuser. Ils savent que c'est par les Fanariotes que la plupart des places ont été obtenues ; et, comme la loi déclare tous les Mahométans aptes aux différentes dignités, la protection fanariote est pour chaque Turc un motif d'espérance.

Il n'en est pas du régime ottoman comme du régime des autres monarchies de l'Europe. Ici, la noblesse n'est pas un titre exclusif pour obtenir des charges ; il faut, pour y parvenir, se faire une célébrité quelconque, bien ou non méritée. Les Fanariotes possèdent au plus haut degré l'art de les fabriquer, d'enseigner les moyens de s'en procurer une ; et comme ils ne peuvent, en leur qualité d'infidèles, occuper les hautes dignités, le Turc qu'ils y portent doit agir pour eux, s'il ne veut être renversé par la même main qui l'éleva. Voilà le grand secret, voilà ce qui explique les continuelles intrigues des Fanariotes.

L'influence occulte de ce parti puissant est incalculable. Comme il dirige les affaires, il en connaît le cours et en devine les résultats. Ses principaux chefs ont surtout une prévoyance infinie (1).

---

(1) J'ai eu lieu d'apprécier cette prévoyance infinie des Fanariotes, par mes liaisons avec un de leurs principaux chefs, et voici comment :

J'étais, en 1810, médecin du grand-visir Jussuf-Pacha, surnommé *le Borgne*, et avec lui au quartier général de Schumla. Étant un jour auprès du prince Demétri-Morousy, premier drogman, je vis arriver M. Pépin, officier français ; il venait recevoir la réponse à la demande qu'il avait faite la veille au Grand-Visir, de faire transporter par mer dix mille hommes sur les côtes de la Crimée, pour s'emparer, par un coup de main, de cette presqu'île, ainsi que le firent les Russes en 1783. Le succès de cette entreprise aurait obligé le feld-maréchal Kamensky de détacher du corps d'armée qu'il commandait, et qui était opposé à celui du Grand-Visir, une force au moins

La loi qui éloigne les Fanariotes des hautes dignités de l'empire a fait naître leur puissance, et les termes du Koran la rendent invincible.

égale : cette diversion aurait considérablement affaibli ses moyens d'attaque. Le Grand-Visir rejeta cette demande. L'officier français, irrité de cet imprudent refus, prit congé, en observant qu'il était fâcheux pour la Sublime-Porte d'avoir pour chefs d'armée des hommes si peu versés dans la science stratégique.

Cette apostrophe déplut au Drogman, elle blessait son amour-propre, et se tournant vers moi, il me fit part des inconvéniens que présentait le plan de l'officier français, des difficultés qui s'opposaient à son exécution, et des dangers que pouvait courir ce corps d'armée au cas de non-réussite. Il se servit à cet égard d'un vieux proverbe grec, qui est « *Qu'un* « *fou connaît mieux sa maison que ne la connaît le sage* « *son voisin.* »

Il changea bientôt le sujet de la conversation ; il la fit tomber sur la politique des Fanariotes. « Voulez-vous, me dit-il, que je vous instruise sur cette politique, et que je vous fasse connaître son influence secrète sur la marche des affaires ? L'amitié que j'ai pour vous m'y fera consentir ». J'adhérai volontiers à cette proposition, d'autant qu'elle piquait ma curiosité. Eh bien, ajouta-t-il, écoutez les prédictions que je vais vous faire : « Voyez-vous cet *Achmet-Agà*, ex-

Les Ottomans seront soumis à cette puissance aussi long - temps que la barbarie

---

gouverneur d'Ibraïl, il n'est aujourd'hui que simple officier dans notre armée, eh bien, il deviendra bientôt Grand-Visir.

« Ce *Raab-Effendi*, secrétaire de notre Visir, remplacera un jour son maître. Ce *Benderli-Ali-Agà*, simple soldat, sera également élevé un jour au grade de Grand-Visir.

« Cet inspecteur des boucheries, sur lequel nos regards tombent à peine, *Hassan-Agà*, vous le verrez, avant qu'il soit peu, élevé par Sa Hautesse au rang de Pacha.

« Pour *Galib-Effendi*, dont la bonté et les talens sont admirés des Musulmans, et qui seul, d'entre ses rivaux, peut tenir les rênes du ministère des affaires étrangères (*), vous le verrez, la paix une

(*) Galib-Effendi jouit effectivement de l'estime des Osmaulis, et particulièrement des Janissaires. Il échappa, par une espèce de miracle, au massacre que firent ces derniers en 1807 des principales créatures de l'infortuné Sélim III. Prêt à tomber sous leurs coups, il leur fit adroitement apercevoir de quelle utilité il pourrait être à la Sublime-Porte au cas où elle aurait à traiter avec les puissances étrangères. Son discours produisit un bon effet, et il suffit d'une voix approbative, qui se fit entendre, pour entraîner tous les Janissaires qui étaient réunis sur la place publique au nombre de 80,000. Galib-Effendi fut épargné. Nous avons vu dernièrement cet homme remarquable appelé du Pachalik au Visirat; mais on a craint, à ce qu'il paraît, son influence sur la redoutable milice ottomane, et son rappel n'a pas eu de suite. Je crois cette circonstance favorable à la cause des Grecs. Galib-Effendi aurait pu conduire contre elle une puissante armée. Quelque douceur qu'on attribue à son caractère, il n'en est pas moins zélé mahométan et le plus habile politique que puisse présenter la diplomatie ottomane.

posera chez eux des limites aux progrès de la civilisation.

---

fois signée, nommé Pacha d'une des plus misérables provinces d'Asie, par l'influence du favori Haled-Effendi, son antagoniste, qui voudra l'éloigner de la Capitale. Mais, à la première guerre qu'aura à supporter la Sublime-Porte, cet homme estimable sera nommé Visir et héritier de tout le crédit d'*Haled-Effendi*, qui se sera évanoui.

« Quant au prince *Alexandre-Suzzo*, tant que je vivrai vous ne le verrez jamais revêtu de l'Hospodariat.

« Pour vous, croyez-moi, vous serez mal récompensé à Constantinople des services que vous nous rendez au camp, à moins que vous ne soyiez assez adroit pour détourner les coups que médite contre vous et contre les amis de Galib-Effendi, la politique fanariote.

« Le vertueux *Mouhib-Effendi*, notre ambassadeur à Paris, ne sera pas plus heureux que vous à son retour ».

Je ne pus m'empêcher de sourire à l'aspect de toutes ces prédictions ; elles me paraissaient aventureuses. Morousy s'en aperçut, et me demanda quel sujet provoquait mon sourire? Seigneur, lui dis-je, vous me rappelez, dans ce moment, *Zambullo* qu'Asmodée conduisait sur les toits des maisons de Madrid.

« Ne me comparez pas, dit-il, à Belphégor : mais je vois que vous n'approfondissez pas tout-à-fait ma

Elle sera, par la force des choses, la régulatrice des destinées d'un Empire qui a méconnu le génie de Sélim III.

---

pensée : je veux, pour vous rendre érudition pour érudition, terminer ce colloque par la citation de ces vers de Voltaire sur la politique, et vous me devinerez après.

> Fille de l'Intérêt et de l'Ambition,
> D'où naquirent la Fraude et la Séduction :
> Ce monstre ingénieux, en détours si fertile,
> Accablé de soucis, paraît simple et tranquille ;
> Ses yeux creux et perçans, ennemis du repos,
> Jamais du doux sommeil n'ont senti les pavots,
> Par ses déguisemens, à toute heure elle abuse
> Les regards éblouis de l'Europe confuse :
> Toujours l'autorité lui prête un prompt secours ;
> Le mensonge subtil règne en tous ses discours ;
> Et pour mieux déguiser son artifice extrême,
> Elle emprunte la voix de la Vérité même.

Le Drogman termina ici sa conversation, et ses prédictions ayant été, en majeure partie, réalisées, j'ai eu lieu de regretter que M. Pépin ne fût pas retourné au camp avec de nouveaux projets. Peut-être sa seconde apparition m'eût valu, de la part du Drogman, de nouvelles prophéties.

Mais, ce qu'il ne m'avait point prédit, c'est sa fin tragique et celle de son frère, et l'influence de sa mort sur la non-réalisation d'une partie de ses prédictions. Je me suis aperçu, par la suite, que sa

Elle survivra au faste du Sérail, à la paresse des Visirs et à l'insolence des Pachas.

Mais avant que cette puissance n'ait plus rien qui la gêne, il n'y aura que désordre dans l'Empire, parce que les intrigues de l'ambition sont les fléaux des peuples, en ce qu'elles corrompent tout et ne respectent rien.

Pour que leurs ravages fussent neutralisés, il faudrait qu'à défaut de science, il

---

politique personnelle n'était pas étrangère à tout ce qu'il m'avait dit.

Je ne méprisai pas, de ses prédictions, celle qui me concernait ; je suivis en partie les conseils que j'avais réclamé de son amitié, et il arriva que je fus parfaitement accueilli à Constantinople par les Grands de l'Empire, et que j'échappai très-heureusement aux piéges qu'avait pu me tendre la politique des Fanariotes.

Ce qu'il m'avait annoncé à l'égard du favori Haled-Effendi, ne se réalisa qu'en partie ; Haled-Effendi a brillé long-temps encore après la mort prématurée de Morousy, son ennemi secret. Sa puissance, que soutenait le parti fanariote, ne s'affaiblit que par la défection du prince Michel Suzzo, son dernier maître en politique fanariote, qui l'abandonna à son peu de génie et à son incapacité pour comprimer la révolte des Grecs. Elle finit à sa décapitation, exigée en 1823 par les Janissaires.

y eût, dans les ministres du Sultan, des vertus, pour ainsi dire, surhumaines. Elles seules pourraient mettre un terme aux exils et aux exécutions arbitraires, misérables moyens dont la honte ne rejaillit pas même, aux yeux du monde, sur leurs véritables auteurs : car si l'on pouvait remonter à la source de ces actes de tyrannie, on découvrirait, j'ose le dire, que les Visirs n'ont été fréquemment que les innocens auxiliaires du parti fanariote, qui n'a été lui-même parfois que l'auxiliaire d'une puissance quelconque dont la politique nécessitait d'importans sacrifices, et qui trouvait, dans le parti fanariote, un allié d'autant plus puissant qu'il était invisible.

Et si l'on remontait plus haut, on serait étonné de voir que souvent le sang des peuples n'a coulé sur les champs de bataille que par l'influence des Fanariotes, et que la sainteté des traités sans leur appui n'a eu ni force ni vertu.

D'une autre part, le Divan, privé des lumières des principaux agens de ce parti,

n'aurait plus de guides, de science diplo-
matique à opposer au machiavélisme des
Cabinets Européens ; car, de nos jours, la
diplomatie est soumise à des règles fixes,
qui nécessitent une étude approfondie. Les
subtilités politiques sont peu familières aux
Turcs ; elles le sont davantage aux Grecs,
qui furent, de tous les temps, réputés par
leurs finesses, et qui, d'ailleurs, plus versés
dans la connaissance de divers modes de
gouvernement, sont beaucoup plus disposés,
par leur instruction et par la vivacité de
leur jugement, à deviner les vues des
divers cabinets, et apprécier leurs prétentions. Sans le secours des Fanariotes, le
Gouvernement Turc ne pourra plus agir
que par instinct ou par l'influence de tel
ou tel cabinet ; et s'il arrive, comme la
chose est possible, que sa méfiance s'étende
sur tous les Cabinets Européens, le salut de
l'Empire Ottoman ne sera plus que l'œuvre d'un aveugle destin.

Telle est la malheureuse situation où se
trouvent les successeurs de Mahomet II :

elle est le résultat de cette obéissance passive aux lois du Koran, qui ne leur a pas permis de marcher avec les siècles. La civilisation s'est arrêtée chez eux, tandis qu'elle a marché à pas de géant chez tous les peuples de l'Europe ; et si la Sublime-Porte a dans son sein des sujets qui connaissent les bienfaits de cette civilisation, c'est précisément parmi ceux qu'elle traite d'infidèles, et qui sont intéressés à son avilissement, soit pour triompher complétement d'elle, soit pour exercer une souveraineté dont elle peut à peine soupçonner l'existence.

Qui osera, dans cet état de choses, prophétiser l'avenir de ce vaste Empire, si ce n'est celui que les circonstances ont mis à même de tout voir par ses yeux et de tout examiner par lui-même ? J'ai vécu parmi les Turcs, et j'ai reconnu que leur ignorance en fait de législation et de gouvernement était la plus complète qui pût exister. J'ai vécu parmi les Fanariotes, j'ai pénétré dans les secrets de leur politique, et je n'ai pas tardé de connaître qu'elle envahissait la puissance Ottomane, qu'elle seule dirigeait tous les ressorts qui la faisaient mouvoir, que le Sultan lui-même n'agissait que par son impulsion. J'ai voulu savoir, en même temps, si cette politique avait un but généreux ; je n'ai découvert qu'iniquité. Là où devait dominer la justice et la vertu, je n'ai aperçu que l'arbitraire et le vice, partout l'amour des richesses, et nulle part celui de la noble passion de la gloire. J'ai vu les Princes Fanariotes, toujours mécontens de leur fortune, préférer la vie inquiète d'un courtisan à l'existence paisible de l'homme privé, et plus occupés de la chute d'un grand qui leur faisait ombrage, que de leur propre conservation, turbulens et insatiables d'honneurs et de puissance. Ces mêmes Princes ont fait de l'intrigue l'âme du Gouvernement Ottoman ; et ils ont imprimé un tel mouvement à ce principe de vie, que tout agit par lui. C'est l'intrigue qui nomme le Cadi, et c'est encore elle qui fait tomber la tête d'un Visir.

Mais ces Fanariotes, pourra-t-on m'objecter, que vous traitez avec tant de mépris, et à qui vous faites l'honneur de tant de puissance, où sont-ils? L'Europe ignore encore leur existence. Vous établissez vous-même leur célébrité. Il me serait bien facile de répondre à cette objection, qui ne pourra m'être faite, je le suppose, que par ceux qui n'ont aucun intérêt à suivre la chaîne des événemens qui se sont succédés dans l'intérieur de l'Empire Turc, qui n'ont, en quelque sorte, jugé que les résultats de ces événemens, soit faute de notions exactes, soit par paresse d'esprit. Qu'ils lisent avec attention cet Essai, que j'écris pour servir de matériaux à l'histoire, et ils connaîtront ces Fanariotes.

Qu'on ne juge pas trop sévèrement les détails minutieux dans lesquels je suis obligé d'entrer, et surtout qu'on se garde bien de les croire indifférens ou parasites : tout est intéressant dans un sujet neuf; et l'on commettrait à mon égard, en condamnant ces détails, la même injustice qu'on commettrait à l'égard d'un peintre en méprisant les nuances ou les accessoires de son tableau représentant un fait historique : mon Essai étant aussi un tableau, je dois donner à mes personnages la physionomie qui leur est propre et me servir des couleurs locales.

La ruse est l'arme favorite des Fanariotes, ils investissent la personne dont ils veulent se servir, comme un général habile investit la place qu'il assiége : ils étudient son côté faible.

Ce Grand de l'Empire aime-t-il la louange, il n'est basse flagornerie dont ils ne l'accablent.

Cet autre possède-t-il dans son Harem une fille qu'il chérit, une favorite qu'il adore, à l'instant même l'épouse du Fanariote brode de ses propres mains ou elle fait broder l'étoffe la plus riche, le tissu le plus élégant, et les lui fait présenter à titre d'hommage ; et, comme l'amour de la parure est le faible de toutes les femmes, le nouveau cadeau réjouit le Harem, et le

sourire de reconnaissance est sur les lèvres
du Visir ou du Ministre.

Le Fanariote a-t-il besoin du crédit d'un
Musulman qui n'obéit qu'aux impulsions de
sa conscience timorée, qu'à son aveugle
soumission aux lois du Koran, est-il, en
un mot, d'une piété incorruptible, et par
cela seul éloigné de tout commerce avec
un infidèle, l'adroit courtisan du Fanar s'informe à laquelle des douze sectes ou *Tarichs*
il appartient; il s'insinue dans les bonnes
grâces des *Derviches*, et capte, par leur intermédiaire, la confiance et l'amitié même
des pieux dignitaires.

Tel autre seigneur recherche-t-il par
goût les produits de l'industrie européenne,
les objets qui plaisent par leur nouveauté
ou par leur rareté, s'adonne-t-il à la culture de l'histoire naturelle, etc., etc., à
l'instant le Fanariote s'empresse de mettre
sous ses yeux tout ce qui peut flatter son
penchant. Ce moyen est un de ceux dont
les effets sont les moins douteux.

On a vu des Princes Fanariotes faire élever à leur frais des kiosques magnifiques pour des seigneurs turcs qui avaient seulement témoigné du goût pour ces sortes de pavillons, et les faire construire avec tant de précaution, qu'à part les seigneurs auxquels ils étaient dédiés, tout le monde ignorait qu'ils fussent élevés aux frais d'un étranger.

Pour l'or et les pierreries, le seigneur que l'on sollicite n'a que la peine de les recevoir.

Mais un des moyens que les Fanariotes emploient fréquemment, et avec un succès qui ne s'est jamais démenti, est celui de mettre les seigneurs turcs à même d'augmenter les revenus de leur gouvernement. Par exemple, un Prince Fanariote qui briguait les hautes faveurs d'un Visir, lui conseilla un jour cette mesure financière : elle consistait à faire suspendre les quarante Barrats ou Brevets et les quatre-vingt Firmans (1) que la Sublime-Porte accordait à

____

(1) Ces Barrats et Firmans exemptaient ceux qui en étaient porteurs, des droits de capitation imposés aux

chaque nouvel ambassadeur européen, et d'en créer d'autres que pourraient acheter tout Rayà au prix de cinq mille piastres, et, pour provoquer les Rayàs à se munir de ces titres, il lui insinua d'augmenter le droit de capitation auquel ils étaient soumis. Cette mesure fut profitable, pour le moment, au trésor impérial, car elle le mit à même de pourvoir aux frais d'une guerre ruineuse. Elle fit aussi la fortune du Fanariote qui l'avait proposée.

Un autre Fanariote conseilla à un autre Visir d'augmenter le tribut qu'on exigeait des provinces minières, en lui persuadant que cette augmentation n'était pas hors des facultés des contribuables. Le Visir profita de cet avis : il imposa tellement les mineurs, qu'ils furent obligés, à défaut de produits des minières, de fondre des Thalaris. Sans ce moyen ils n'auraient pu fournir les marcs

---

Rayàs (sujets chrétiens ou juifs de la Sublime-Porte), et les assimilaient aux personnes relevant des ambassades étrangères.

d'or ou d'argent qu'on exigeait d'eux. Les Rayàs de ces provinces furent malheureux ; mais le Fanariote qui était cause de leur infortune , jouissait à Constantinople de beaucoup de crédit et de biens.

Comme la diplomatie ottomane est souvent confiée à des mains inhabiles , à des hommes peu versés dans la science du gouvernement , qui , peu maîtres du présent, ignorent le passé , il arrive que les anciens traités et les conventions qui stipulaient des avantages en faveur des sujets ottomans , sont tombés dans l'oubli. Les Fanariotes, eux , oublient peu de choses , parce qu'ils font du souvenir une bránche de leur industrie ; c'est pourquoi ils savent , avec art, rappeler à tel ou tel Visir les clauses favorables des traités qu'on paraît négliger. Cette politique est d'autant plus adroite, qu'elle présente deux utilités réelles au Visir : celle de paraître versé dans la diplomatie et de justifier par là le choix de Sa Hautesse , et celle de s'attirer la faveur populaire , par l'exécution des clauses qui furent exigées dans l'intérêt des Musulmans.

Il existe en France comme ailleurs une foule de petits diplomates de boudoirs, qui fatiguent les ministres de plans de finances, de projets d'amélioration, de rapports et de réflexions politiques sur la politique. En général, à Constantinople, ce sont les Fanariotes qui inondent les bureaux de la Sublime-Porte de ce genre d'écrits, mais avec cette différence qu'ils le font avec plus de succès, parce que les ministres ottomans sont curieux de ce genre d'écrits, qui leur évite quelquefois des réflexions et des recherches. Paraît-il dans les journaux étrangers quelque article qui soit de nature à intéresser la politique en général, le Fanariote courtisan a soin de le faire mettre sous les yeux du Divan. Y découvre-t-il quelque analogie avec les intérêts de la Sublime-Porte, il y ajoute ses réflexions; mais sa finesse l'engage à laisser les honneurs de sa découverte au Grand qu'il veut mettre dans ses intérêts, si ce n'est le Divan tout entier.

Le parti Fanariote s'est rendu encore bien autrement essentiel auprès du Divan. C'est par lui qu'il était informé de tout ce qui se passait dans l'Europe : la plupart des consuls et des chargés d'affaires ottomans, dans les divers ports de la Méditerranée et de l'Océan, avaient des liaisons avec les Fanariotes de Constantinople, et c'est par eux qu'ils étaient instruits de tout.

A Vienne, comme dans les principales villes d'Allemagne et des autres empires, un nombre considérable de banquiers grecs correspondaient avec les Princes Fanariotes, sans doute dans un but louable, dans un esprit de philanthropie et surtout étranger à leur perfide politique.

Ce parti, enfin, toutes les fois qu'il l'a voulu, a sauvé l'Empire Turc ; comme aussi il l'a, lorsque sa politique y était intéressée, mis à deux doigts de sa perte.

Nous avons vu comment il agit sur le Gouvernement Ottoman ; voyons maintenant comment il agit sur lui-même.

Lorsque les Princes Fanariotes, qui ont

exercé l'hospodariat retournent à Constantinople, leur condition devient extrêmement périlleuse ; ils possèdent de grandes richesses, et leur vanité s'est accrue par un règne de courte durée, à la vérité, mais tellement absolu, qu'ils supportent avec peine la nullité dans laquelle ils sont retombés. Ils s'entourent, comme a dit un ingénieux écrivain, des honneurs dont ils ont joui, se font appeler *Altesse Sérénissime*, et paraissent encore commander quand personne ne leur obéit. Nous avons vu plus haut qu'ils cherchent sans cesse à ressaisir le pouvoir, et que leurs intrigues sont ce qui occupe le plus la vigilance du délégué du Prince régnant à Constantinople.

Le lecteur se rappelle que l'exil et la mort sont assez ordinairement le fruit de leurs intrigues.

Il n'aura pas oublié que j'ai laissé planer sur la tête du délégué de l'Hospodar des soupçons de félonie : ce soupçon a besoin d'être expliqué, et c'est ce que je vais essayer de faire.

Ce n'est pas toujours dans l'intention d'être utile à son mandataire que le Bàche-Capi-Kiahaya sollicite l'exil ou la mort d'un ex-Hospodar, c'est également pour servir ses projets particuliers d'ambition qu'il agit; car il veut aussi, à son tour, gouverner une des provinces, et moins il aura de concurrens à combattre, et plus il aura de chances de succès; et dans ce cas ses armes se dirigent traîtreusement contre celui-là même qu'il est chargé de défendre et de seconder. Mais il n'est pas sans exemple, dans les fastes de l'histoire ottomane, que ces basses menées n'aient tourné au désavantage de leurs auteurs. On a vu des Hospodars régnans payer de leur tête les calomnies qu'ils dirigeaient contre leurs concurrens, et la vengeance du Visir s'étendre jusques sur le Bàche-Capi-Kiahaya. La suite ordinaire de ces événemens amenait dans ces provinces les Princes exilés.

Un fait digne de remarque, et qui résulte des observations que j'ai dû faire, c'est que généralement les Princes Hospodars qui

ont régné sur les deux provinces, étaient
des hommes d'un génie très-médiocre, et
que, par contre, leurs représentans à Constantinople sortaient des rangs des Fanariotes
les plus instruits et qui possédaient à un degré très-élevé la science de l'intrigue et le
savoir - faire si nécessaire aux courtisans.
Aussi est-ce à eux qu'il faut attribuer les tri-
bulations suscitées aux Princes dépossédés
et une grande partie de celles qui ont provoqué la chute des Princes régnans. On a vu
même leur seule influence maintenir en faveur un Hospodar qui aurait, sans elle, succombé sous le poids des accusations vraies
ou fausses de ses puissans ennemis. Ce dernier exemple a été plus fréquent dans les
familles Morousy et Ypsilanti, qui ont toujours eu le soin de choisir parmi les leurs
celui qui devait les représenter à Constantinople, et, qui plus est, parmi les leurs,
celui qui avait le plus de talent. Aussi leurs
règnes ont-ils été les plus longs et les moins
orageux.

Nous avons vu que l'hospodariat était

accordé en récompense des services que rendait à la Sublime-Porte le Drogman du Divan. Il faut donc s'attendre à voir ce dignitaire intriguer pour obtenir cette magnifique récompense, et intriguer d'autant plus, que les Princes qui ont déjà régné peuvent se mettre sur les rangs et lui disputer la victoire.

Lorsque le Drogman du Divan a fait la demande de l'hospodariat, il s'adresse à l'un des représentans des Princes, et l'engage à accepter le drogmanat, à cette condition qu'il ne le contrariera point dans ses demandes, d'autant plus que ce n'est point la principauté de son mandataire qu'il convoite. S'il accepte, et que le Drogman soit nommé Hospodar, il devient, par cela seul, Drogman du Divan, sans perdre sa qualité de Bâche-Capi-Kiahaya, si toutefois il n'acquiert pas encore la faveur de représenter les deux Princes.

Mais, quelques mois après son installation, le nouveau Drogman ambitionne à son tour la dignité d'Hospodar, et, par l'état des choses, c'est la principauté de son mandataire qu'il doit solliciter. Pour opérer son déplacement, il préfère avoir recours à la ruse qu'à la violence. Il écrit de Constantinople à son Prince que son crédit auprès du Divan s'est considérablement affaibli, tandis que celui de ses ennemis a pris un accroissement redoutable, et qu'il serait prudent, afin d'éviter une catastrophe, de se démettre volontairement ; que, par ce moyen, il échapperait aux suites funestes d'une déposition, qu'il voudrait croire douteuse, mais qui, selon les apparences, est inévitable et prochaine.

Cet avis fallacieux réussit ou manque son effet, c'est-à-dire, ou l'Hospodar le suit à la lettre, ou n'en fait aucun cas.

Dans cette dernière supposition, le Drogman prend un parti violent. Il déclare, dans les termes les plus formels, au Divan, qu'il se démet de sa charge de délégué du Prince, parce qu'il a des raisons pour craindre que Son Altesse n'ait commencé d'avoir des relations coupables avec l'Europe, et qu'il regarde comme probable sa fuite au delà des frontières et l'enlèvement de ses trésors.

La Sublime-Porte, toujours ombrageuse, dépose l'Hospodar accusé, et envoie un Capidgi-Bàchi pour lui trancher la tête. Plusieurs Princes, généreusement avertis, soit par des Fanariotes, soit par des amis zélés ou par leurs délégués mêmes, ont évité le sabre du Capidgi-Bàchi (1).

Le Divan, pour récompenser la fidélité et le zèle de son Drogman, le nomme successeur du Prince que sa félonie vient de sacrifier. Il va donc prendre sa place ; mais il ne l'occupe que jusqu'au moment où il en est chassé par les intrigues des Fanariotes, et souvent par les mêmes moyens et les mêmes procédés dont il se servit lui-même pour renverser son prédécesseur.

______

(1) Tel est le motif qui a occasionné l'émigration de divers princes Hospodars, et notamment des Ghika, Manòl-Vodà, Suzzo, Ypsilanti, Caratza, etc., etc. Les lettres qui les prévenaient de l'envoi du Capidgi-Bàchi étaient toujours écrites en chiffres.

On a dit, avant moi, que l'or était le nerf de l'intrigue : nulle part cet axiome ne trouve une plus juste application que dans les pratiques secrètes des Fanariotes. Cependant on a vu des Princes totalement ruinés trouver des expédiens pour rétablir leur fortune. Voici une particularité qui a été souvent mise en usage :

Pour gagner les bonnes grâces des personnes qui exercent une influence sur le Divan, en un mot, sur ses favoris, un Prince distribue à plusieurs d'entre eux des obligations de cent mille et même de cent cinquante mille à deux cent mille francs, payables dans six mois, sous la condition expresse que, dans cet intervalle, il sera promu à la dignité d'Hospodar. Une fois que ces obligations sont acceptées, la marche pour faire obtenir la nomination est tracée aux favoris. On a soin de se munir de nombreuses délations produites par les Boyards indigènes, et d'avoir auprès du Visir des amis zélés et complaisans, qui lui font concevoir les plus grands avantages sur la déposition du Prince régnant et sur l'élévation de celui qu'on propose à sa place. Entraîné par tous ces argumens, le Visir met le Prince dans le cas de payer ses obligations (1).

Mais ce moyen, que d'autres ont employé, n'a pas toujours eu le même résultat. On a rencontré de Grands-Visirs incorruptibles, qui, soit pour satisfaire à leur conscience, soit pour obéir aux besoins de leur politique, se sont refusés à des destitutions bassement provoquées. Je dis pour obéir aux besoins de leur politique, parce que assez ordinairement les Hospodars

---

(1) Les favoris et employés de la Sublime-Porte sont sujets aux vicissitudes de leurs charges, c'est-à-dire, à de fréquentes, et quelquefois dangereuses disgrâces. Alors, les Fanariotes qui ont donné leur or se trouvent par l'événement privés de leur fortune et de leurs espérances. C'est ce qui arrive très-souvent à Constantinople. Le temps de leur règne pouvant être court, les favoris font chèrement payer leurs faveurs, et comme leur changement se renouvelle sans cesse, les solliciteurs souvent se ruinent avant de parvenir à leurs fins.

ont des appuis parmi les Cours Chrétiennes, et qu'il est quelquefois utile de motiver, d'une manière ostensible, des déplacemens qui ne peuvent être, vu la situation topographique des provinces, indifférens aux divers cabinets.

Un procédé qu'emploient également les Princes Fanariotes qui briguent l'hospodariat, est celui de faire crier après eux une foule considérable de créanciers réels ou supposés, de leur faire même assiéger la personne du Sultan, lorsqu'il se rend, selon l'usage, tous les vendredis à la Mosquée. Sa Hautesse, touchée de la situation précaire de ces Princes, ordonne qu'ils soient nommés Hopodars, afin qu'ils puissent se libérer envers leurs créanciers. Ce moyen ne réussit pas toujours ; mais il suffit de quelques exemples de réussite pour que je le mentionne ici.

On l'a vu : les Fanariotes sont sans cesse livrés au démon de l'intrigue : c'est par elle qu'ils existent. Ils ne s'épargnent pas eux-mêmes : on les voit toujours occupés

de l'élévation de leur parti et de l'abaissement de leurs Princes. C'est pourquoi
il y a parmi eux une guerre continuelle
d'ambition ; et on pourrait se servir à leur
égard de cette image, que souvent ils conduisent en triomphe leur héros au Capitole,
pour le précipiter ensuite du roc Tarpéien.

Continuons, et nous allons les voir exercer sur la nation Grecque leur funeste
influence.

CHAPITRE III.

Influence du parti Fanariote sur la destinée des Grecs.
— Entretien, à cet égard, avec les archevêques Nicomédias,
Dhêrcon, Sophias et Thessalonicis. — Confiance des Grecs
dans ce parti. — Manie qu'ont les Grecs de changer leur nom
Patronimique.

Dans tous les États, les ministres de la religion ont un pouvoir réel sur les peuples. Si ce pouvoir n'existait pas, la religion perdrait sa force politique, et ses effets ne seraient d'aucun secours à la législation. Le crédit du Clergé est donc une des bases utiles de la stabilité des empires, autant qu'il ne se place pas lui-même hors du cercle de ses attributions, et qu'il fait partie des institutions conservatrices des droits du prince et de ceux du peuple.

La politique des hommes pervers fut toujours d'avilir le Clergé aux yeux du peuple, afin de diminuer par là l'influence qu'il peut exercer sur lui, lorsqu'il se maintient dans l'observation des saintes maximes ; car je parle dans ce sens que je ne suppose pas aux ministres de la religion des vues ambitieuses.

C'est avilir le Clergé que de le mettre trop dans la dépendance de l'autorité, c'est-à-dire, de le montrer au peuple comme intéressé à protéger illicitement les vues du pouvoir, en lui donnant d'autres droits sur les hommes que ceux qui sont écrits dans l'Évangile. Pour maintenir le caractère sacré de l'Apôtre, il ne faut point le déshonorer en l'associant à l'omnipotence d'un Pacha. Les richesses et les honneurs mondains ne doivent point également être le partage du sacerdoce ; ils le dénaturent, comme l'extrême misère et l'avilissement.

C'est sans doute dans ce but que la politique des Empereurs Ottomans a voulu donner aux principaux membres du Clergé de l'Église Orthodoxe, des richesses et des pouvoirs. Ils en ont fait, par ce moyen, des instrumens de leur tyrannie ; car l'œil du philosophe observateur peut voir , dans chaque Patriarche et dans chaque Evêque , autant de Muphtis et de Mollas.

Comme la politique du Divan , qui fut celle du Prophète de la Mecque , est de tenir le peuple dans l'ignorance pour le rendre plus docile , celle du Clergé de l'Eglise d'Orient doit être forcément la même. Elle l'est en effet ; on peut en juger par l'état des peuplades Grecques sous le rapport de l'instruction. L'ignorance dans laquelle vivent ces peuplades est d'autant plus funeste, qu'elles sont divisées d'opinions religieuses ; et qu'il règne dans leur désunion une acrimonie excessive.

Il n'a pas dépendu , jusqu'à ce jour, des Fanariotes , de faire cesser cette division , ou , pour mieux dire , de détruire en l'affaiblissant le parti du dogme catholique : car ils ont toujours intrigué pour faire prévaloir leur Église sur celle qui relève du Pape ; et c'est en partie par leurs suggestions que le Clergé Romain a sans cesse été, en quelque sorte, opprimé dans les États de Sa Hautesse, malgré l'intervention des Ambassadeurs des Rois aspostoliques et romains.

J'avais bien quelques notions sur cette politique ; mais *Nicomédias*, *Dhércon*, *Sophias* et *Thessalonicis*, Archevêques, faisant partie du Synode du Patriarche, et mes amis, me parlèrent dans les termes suivans, trois ans avant la révolte des Grecs :

« Personne n'ignore, me dirent-ils, que
« la décadence de l'Empire Grec fut oc-
« casionnée par les préjugés religieux de
« ses peuples : les historiens s'accordent
« sur ce point, que l'influence des Prélats
« et des divers membres du Clergé cor-
« rompit les principaux chefs de l'Empire,
« qui négligèrent les véritables devoirs de
« leurs charges pour se livrer à la discus-
« sion de points de dogme, où ils trou-
« vèrent parfois l'occasion de faire briller
« leur esprit et leur imprudente érudition.

« Leur exemple eut ce résultat funeste,
« que les subtilités théologiques devinrent

« à la mode, et qu'il ne fut bientôt plus
« question, dans tout l'Empire, que de la
« mésintelligence des familles occasionnée
« par la dissidence des opinions religieuses.

« Tandis que les Églises Grecque et
« Romaine se faisaient une guerre de mots,
« que les Grecs occupaient tout leur temps
« et toutes leurs facultés à de puériles dis-
« putes, les Turcs préméditaient la con-
« quête d'un peuple qu'affaiblissaient les
« querelles scolastiques et l'avarice des ri-
« ches ; et ce fut sans beaucoup de peine
« que Mahomet II le subjugua, en 1453.
« Nous disons sans beaucoup de peine,
« parce qu'en effet la brillante défense de
« Constantinople par Constantin Paléologue
« ne peut être considérée comme un fait
« remarquable dans la chute de ce grand
« Empire.

« La gloire d'une aussi belle et aussi
« facile conquête n'énorgueillit pas l'Ot-
« toman au point de lui faire négliger le
« soin de sa conservation. Il réfléchit, et
« voulut que ce qui avait perdu l'Empire

« Grec fût aussi ce qui cimenterait sa con-
« quête ; en un mot, il eut recours à la
« simonie. Le Clergé fut gagné : Sainte-
« Sophie devint à jamais une Mosquée, et
« le peuple Grec *Rayà* (1) de l'Empire
« Ottoman.

« La Sublime-Porte jugea convenable
« de conserver les quatre Patriarches, ceux
« de *Constantinople*, d'*Antioche*, d'*Alexan-*
« *drie* et de *Jérusalem* ; de confirmer non-
« seulement aux Archevêques et aux Evê-
« ques leurs honneurs et dignités, mais
« encore de donner au Clergé en général
« de nouvelles prérogatives dans la plupart
« des contrées de l'Empire Grec nouvel-
« lement soumises à sa puissance.

« Par ce moyen et par celui des présens
« qu'elle faisait aux Prélats, elle parvint
« à sceller la soumission des Grecs.

« Mais, dès que les Empereurs Otto-

---

(1) On comprend en Turquie, par le nom de *Rayà*,
tous les Chrétiens qui sont soumis au Grand-Seigneur
par la force des armes, et qui payent *haratz* ou capitation annuelle.

« mans se sentirent affermis sur les ruines
« de l'Empire d'Orient , ils diminuèrent
« leurs soins et leurs attentions envers le
« Clergé , sans toutefois lui enlever ni ses
« honneurs ni ses priviléges. Il se bornèrent
« à exiger de lui un droit très-modique ,
« à l'époque de la nomination d'un de ses
« membres à une prélature quelconque.

« Les Grecs trouvaient , à cette époque,
« un appui dans leur Clergé et des con-
« solations dans leur esclavage , parce que
« les Prélats vendus aux Ottomans vantaient
« la douceur de leur joug , et se servaient,
« pour gagner les Grecs , de l'éloquence
« que leur prêtait la morale évangélique.

« Il est vrai de dire aussi , qu'en exceptant
« les horreurs commises durant les premiers
« jours de la prise de Constantinople , leurs
« conquérans furent beaucoup plus modérés
« qu'on ne pouvait l'attendre. Pourvu qu'ils
« fussent résignés et soumis , les Turcs ne
« firent point supporter aux Grecs les vexa-
« tions et le poids de la servitude avec
« tant de rigueur que l'ont fait depuis les

« successeurs de Mahomet II ; rigueur
« à laquelle se rattachaient des causes po-
« litiques que vous connaissez comme nous.

« L'existence du Clergé Grec fut sta-
« tionnaire, jusqu'à l'époque où les *gram-*
« *maticòs* devinrent Drogmans du Divan (1).

« Les Fanariotes exercèrent alors sur le
« Clergé l'influence que leur laissait prendre
« la Sublime-Porte.

« Il n'y eut bientôt plus pour Patriarches,
« Évêques, Archimandrites et Igoûmenos,
« ou supérieurs de monastères, que des
« hommes pris dans leur rang ou dévoués à
« leur système (2) ; système qui a pour base

---

(1) Voyez page 15.

(2) Les Grecs n'étant pas soumis au Pape, le sont
aux Patriarches dont nous avons parlé plus haut,
et qui, tous, ont une égale autorité, à part celui
de Constantinople, auquel les trois autres sont soumis,
et qui prend le titre d'*Icoumenicòs*, ou d'*Universel*.

Les Archevêques et Évêques sont au nombre de
cent septante environ ; tous reçoivent l'investiture et
le *Barral*, ou brevet de leur charge, de la Sublime-
Porte, envers laquelle ils s'acquittent des frais d'usage.
Ils sont résidans, à l'exception d'un certain nombre

« l'avilissement du bas Clergé, du peuple,
« et l'abaissement politique du rit latin.

« Ils disposent aujourd'hui de notre exis-
« tence ; car, si quelqu'un d'entre nous
« s'oppose ostensiblement à leurs projets,
« à leur politique, il est sûr de perdre
« son rang et sa fortune : heureux s'il n'est
« qu'exilé au Mont Athos ou à Chypre !

« Une de nos premières obligations,
« pour ne pas désobéir à leur politique,
« est de donner les instructions suivantes
« à nos caloyers, confesseurs, prédicateurs
« et prêtres séculiers. Elles consistent à en-
« tretenir les Grecs sujets ottomans et fils
« de l'Église Orthodoxe dans une haine
« implacable contre l'Église Romaine, et
« surtout contre les Grecs Rayàs du Levant,
« qui suivent le rit latin.

« Il leur est défendu de bénir aucun
« mariage où l'un des époux n'appartien-

---

qui restent à Constantinople où ils font partie de la
jurisdiction du Synode. Ils servent également de Caps
Kiahaya aux Archevêques et Évêques résidans.

« drait pas à l'Église d'Orient, et d'exiger,
« dans ce cas, que le schismatique de Rome
« soit rebaptisé (1).

« Il leur est défendu également d'unir
« en mariage deux personnes de l'Église
« d'Orient, si l'une d'elles n'est pas Rayà
« de la Sublime-Porte.

« Ils doivent soumettre à de fortes au-
« mônes et à des châtimens spirituels ou
« corporels, tout Orthodoxe qui mettra le
« pied dans une église du rit latin, parce
« que les Catholiques adorent les images
« en relief, à l'imitation des idolâtres, et,
« à cet égard, pour être agréables aux Fa-
« nariotes, ils doivent grossir aux yeux du
« peuple les superstitions auxquelles les Ca-
« tholiques Romains sont soumis, et les
« montrer le plus possible offensantes pour
« la Divinité.

____

(1) De là dérive sans doute l'habitude où sont les
Grecs du rit orthodoxe, de ne pas considérer comme
Chrétiens, les Catholiques Romains. La première ques-
tion qu'ils adressent à un étranger est celle-ci : Êtes-
vous *Frangos* ou *Christianòs*, c'est-à-dire, êtes-vous
Franc ou Chrétien ?

« Ils doivent faire observer aux Grecs
« cent nonante-cinq jours de carême dans
« l'année, pendant lesquels ils sont tenus
« de s'abstenir de l'usage de la viande,
« du laitage, du poisson, de l'huile même;
« les soumettre à la rigoureuse observa-
« tion de nonante-une fêtes (outre les fêtes
« locales), et surtout de les entretenir
« dans la croyance des miracles qui furent
« imaginés, ou dans un but d'utilité pu-
« blique, ou dans celui d'un intérêt sor-
« dide, surtout de ne pas laisser tomber
« le saint usage où sont les gens aisés de
« faire un pélerinage au tombeau de *Notre-*
« *Seigneur Jésus-Christ*, pour y tenir en
« main un cierge allumé au feu sacré du
« ciel, qui tombe de la céleste demeure
« sur le Sépulchre le saint jour de Pâques
« des Orthodoxes; pélerinage qui fait ab-
« soudre les plus grands pécheurs; feu
« sacré qui est parfaitement connu des chi-
« mistes et des physiciens, et même des
« Fanariotes, car on n'a jamais vu aucun
« d'eux sous l'habit de pélerin au Tombeau
« de Jérusalem.

« Ce pélerinage est une des sources des
« revenus ecclésiastiques , puisque le plus
« pauvre d'entre les pélerins doit faire tom-
« ber dans la caisse grecque une somme
« de trois mille francs , et les riches plus
« de dix mille.

« Ce revenu , joint à tant d'autres , nous
« aide à acheter , de la Sublime-Porte ,
« les prérogatives qu'elle nous départ , pré-
« rogatives que l'intrigue des Fanariotes
« met aux enchères. Il est vrai qu'au moyen
« des fortes contributions que nous payons,
« nous sommes protégés , par eux et par
« le Divan , contre les prétentions des Ar-
« méniens hérétiques , et surtout contre
« celles de l'Église Latine.

« Nous ordonnons aux curés , de faire
« ressortir aux yeux des Grecs , l'insigne
« faveur dont ils jouissent de n'être point
« sujet à l'enrôlement militaire , exemp-
« tion qui , seule , vaut toutes les libertés
« possibles , et de faire en sorte que ,
« par leurs paroles , la servitude dans la-
« quelle ils vivent puisse être considérée

« par eux comme un bienfait de la Pro-
« vidence ; car malheur, dit l'Évangile,
« malheur à ceux qui ont ici leur conso-
« lation ; mais heureux ceux qui pleurent
« et qui gémissent, et heureuses les na-
« tions qu'affligent l'humiliation et l'escla-
« vage. Pour y parvenir, il faut leur in-
« sinuer que les mots de liberté et d'in-
« dépendance sont vides de sens; que ce
« ne sont que des inspirations du démon;
« que l'obéissance passive est la vertu la
« plus agréable au Ciel, et que si Dieu
« n'approuvait pas l'autorité qu'exerce sur
« nous le Sultan, l'Empire du Sultan n'exis-
« terait pas ; qu'il règne, comme tous les
« rois de la terre, par sa grâce; que nos
« aïeux étaient plus infortunés que nous,
« parce qu'ils obéissaient à leurs passions
« en combattant pour la liberté et, pour
« mieux dire, pour la révolte.

« Savez-vous, me dit le vénérable Ni-
« comédias, quelle est la cause qui entre-
« tient la haine et l'antipathie qui règne en-
« tre les Orthodoxes et les Latins qui habi-

tent le Levant, et pourquoi elle n'existe pas à l'égard des Arméniens, ni des Juifs même? La voici : c'est parce que les Grecs orthodoxes savent que ces peuples sont aussi esclaves et assujettis aux Ottomans, et que leurs prêtres, à notre exemple, ont soin de flatter les préjugés dans lesquels ils vivent, et de vanter les bienfaits de la soumission, tandis que les Latins jouissent de certains priviléges qui font ressortir les énormes charges de la servitude.

« Tout en blâmant la politique des Fanariotes, me dit le savant *Dhércon*, je « suis obligé de lui rendre cette justice « que depuis plus d'un demi-siècle elle a « produit des effets merveilleux en arrê- « tant les progrès de l'aspotasie, si fami- « lière, avant cette époque, à nos Grecs, « que si elle eût continué d'exercer ses ra- « vages, nous serions réduits aujourd'hui « à un bien petit nombre d'Orthodoxes. « Ce n'est pas qu'ils fussent contraints de « changer de religion, puisque, par la cons-

« titution musulmane, les Grecs sont con-
« sidérés non comme des esclaves, mais
« comme des sujets Ottomans, qu'on dési-
« gne sous le nom de *Rayàs*, et qu'un sujet
« ne peut être forcé d'embrasser la religion
« Mahométane. Mais le despotisme turc,
« ingénieux à se procurer des moyens, atti-
« rait à l'Islamisme, par les vexations,
« une partie des Grecs. En faisant supporter
« chrétiennement aux Grecs leur servitude,
« en diminuant à leurs yeux cette espèce
« de honte qu'entraîne une soumission for-
« cée, on a rendu meilleure leur condi-
« tion, et moindre le besoin de changer
« de culte.

« Les Ottomans, pour augmenter leurs
« religionnaires, sont réduits de nos jours
« à faire enlever de vive force, par les
« *Séferlis* ou guerriers, quelques milliers
« d'enfans des deux sexes, appartenant
« à des familles Grecques (1). Plusieurs

____

(1) Les soldats turcs, étant en campagne, enlèvent
les garçons ou les filles les mieux faits, appartenant

« Rayàs, et en assez grande quantité, ont
« embrassé volontairement la religion Ma-
« hométane pour les motifs suivans :

« 1° Par amour pour la liberté civile ;

« 2° A la suite des fatigues de l'escla-
« vage et des vexations particulières ;

« 3° Pour jouir des droits luxurieux de
« la polygamie ;

« 4° Pour préserver leurs biens de l'u-
« surpation musulmane ;

« 5° Pour jouir de la liberté dans leur
« manière de s'habiller, et par goût pour
« le luxe asiatique ;

« 6° Pour se soustraire à une condam-
« nation capitale ;

---

aux familles Grecques qui habitent les frontières ; de
sorte que, dans la plupart des guerres qu'on a soutenu
contre la Russie ou contre l'Autriche, les Turcs ont
en quelque sorte cherché à remplacer les pertes qu'ils
avaient essuyées dans les combats, par l'enlèvement
d'un grand nombre de malheureux Grecs Rayàs, dont
ils ont fait leurs esclaves, et qu'ils ont impitoyablement
et illicitement vendus aux marchands qui suivent ordinairement les armées ottomanes.

« 7° Pour faire sortir leurs enfans des
« servitudes imposées à la condition de
« Rayà, et jouir des droits du citoyen ;

« 8° Par défaut de religion et de sen-
« timent d'honneur ;

« 9° Et, enfin, par goût pour les armes,
« et souvent dans le dessein de pouvoir
« se venger d'un Turc qui l'aura outragé
« ou maltraité ;

« 10° Par un désespoir de misère ou état
« d'ivresse.

« L'apostasie a introduit dans l'intérieur
« de l'Empire une autre espèce d'hom-
« mes, car quel que soit le motif qui ait
« fait déserter au Grec le culte de ses
« pères, la circoncision n'a pas eu le pou-
« voir de détruire en lui et dans ceux
« de sa race le caractère originaire. Aussi
« le renégat et ses descendans se distin-
« guent toujours des autres Musulmans par
« leur patriotisme, leur courage, leur agi-
« lité, la vivacité de leur caractère, leur
« génie, leur amour pour la gloire et leur
« affection particulière pour les armes. Ils

« sont avides d'avancement et jaloux de
« prérogatives ; ils ont un air fier et sou-
« vent imposant ; ils ne sont ni fanatiques
« ni même dévots ; mais, fiers d'appartenir
« à la nation du Prophète, ils portent une
« haine secrète aux *Émirs* de la Haute-Asie
« et plus encore à la nation Grecque (1).
« On reconnaît facilement parmi les Turcs
« le *Gréco-Turcisé.*
« Cette classe d'hommes a infecté la Tur-
« quie Européenne, l'Asie Mineure, ainsi
« que les grandes îles de l'Archipel. Leur
« existence réjouit le Gouvernement Otto-
« man, qui croit par leur acquisition être
« agréable au Prophète, alors qu'il a aug-
« menté, par elle, le nombre de ses guer-
« riers, accru sa gloire et sa grandeur,
« ne s'apercevant pas que, depuis qu'il
« a introduit cette classe d'hommes dans
« le corps des Adjemy-Oglàn ou des élèves
« des Janissaires, et plus tard dans les

______

(1) Tous les voyageurs et les historiens sont d'accord
sur la méchanceté qui caractérise les Turcs du Péloponèse, de Crète, de Négrepont et d'une grande partie
du continent, qui sont pour la plupart d'origine grecque.

« Janissaires de Constantinople, il a perdu,
« par cette violation des règlemens de So-
« liman II, la majeure partie de son in-
« fluence sur ce corps auquel il devra peut-
« être un jour sa chute (1). Pour revenir
« plus directement sur la politique des Fa-
« nariotes, me dirent ces Prélats, que nous
« sommes obligés de suivre pour notre pro-
« pre conservation, nous vous dirons que.

(1) Je ne partage pas cet avis ; je suis au contraire persuadé que tant que les Janissaires seront régis par le système d'aujourd'hui, l'Empire Turc conservera sa puissance, parce qu'il est incontestable que l'Europe serait compromise par l'exécution du projet de réforme de Sélim III, connue sous le nom de *Nizàm-Tzédit.* Cette réforme détruirait l'inertie de ce corps redoutable, et rendrait la chute de l'Empire Ottoman nécessaire au repos de l'Europe. Napoléon désirait cette réforme, mais dans cette vue qu'elle lui serait utile dans ses projets contre la Russie. Dans l'état actuel de la politique européenne, la force réelle de la Turquie est dans la nullité de ses forces militaires, sans pourtant nier que la Turquie retirerait pour elle-même, et surtout à l'égard des Grecs, un grand avantage de ce corps, si elle pouvait l'établir sans causer des inquiétudes au dehors, qui, à mon avis, ne seraient pas chimériques.

« maîtres en quelque façon de notre exis-
« tence, ils s'instruisent par notre canal
« de la situation réelle des Grecs (1), et
« qu'ils en instruisent à leur tour le Gou-
« vernement qui, pour prix de leurs ser-
« vices, les élève à la dignité de Prince.
« Comme ils nous ont rendus tributaires de
« la Porte pour des sommes immenses,
« il a fallu qu'ils nous procurassent les
« moyens de payer. Les Rayàs supportent
« des impôts excessifs par suite de cette
« politique, car pour les dépouiller d'une
« partie de leurs revenus, il a fallu in-
« sinuer au Gouvernement que de fortes

____

(1) Le Grand-Patriarche, qui habite Constantinople,
a également un Capi-Kiahaya, ou représentant, qui est
Fanariote, lequel est obligé de se présenter tous les
jours à la Sublime-Porte pour y faire un rapport
sur l'état de l'Église Grecque et sur d'autres objets. Ce
rapport parvient au Ministre des affaires intérieures
ou au Grand-Visir par l'entremise du Drogman.

Les Primats et les notables Grecs des provinces
sont également obligés de faire leur demande par l'intermédiaire du Drogman du Divan; de manière que
ce dignitaire se croit fondé de se considérer comme
le représentant de toute la nation Grecque.

« sommes entre leurs mains pouvaient ren-
« dre leur soumission problématique.

« Quelques Primats de nos contrées ont
« commis l'imprudence d'adresser des plain-
« tes à des Grands de l'Empire, avant de
« s'adresser au Drogman du Divan. Il l'a
« su, et il a gardé le silence ; mais quel-
« ques mois après il s'est vengé d'eux, en
« les ruinant et en les faisant condamner
« aux galères sur le moindre soupçon, sous
« le moindre prétexte. Il a provoqué l'en-
« voi d'un Woyvode Ottoman, qui a mal-
« traité le peuple en lui faisant éprouver
« mille avanies. Ce Woyvode, chargé de
« recevoir l'impôt, a fait entrer dans sa
« caisse la valeur triple des contributions
« ordinaires.

« Outre les impôts annuels que ce pays
« supporte en masse, il paye pour l'eau
« des vaisseaux de guerre, pour le biscuit,
« la viande, le pilau, le goudron, le sa-
« laire des matelots, le ravitaillement des
« vaisseaux, etc., etc. Le produit de ces
« impôts suffirait pour l'armement des es-

« cadres française et anglaise , tandis que,
« par la mauvaise administration et le gas-
« pillage qui existent dans l'emploi des de-
« niers publics , il suffit à peine à l'arme-
« ment d'une douzaine de vaisseaux turcs
« mal équipés et mal armés , et dont les
« matelots , mal nourris , sont bientôt at-
« teints par la fièvre putride ou maligne, et,
« par défaut de précaution , la peste même
« s'introduit souvent. Le Capitan-Pacha ,
« qui rarement s'intimide , répare les dé-
« sastres de son escadre par la presse qu'il
« exerce sur les habitans de la première
« île de l'Archipel qu'il rencontre , sans
« trop s'embarrasser des malheurs qui ré-
« sultent de cette mesure arbitraire pour
« les infortunés Ilotes , qu'il surnomme,
« par une barbare dérision, *Taouchàn*, ou
« Lièvres, parce qu'ils s'enfuient à son ap-
« proche dans les montagnes avec une ex-
« trême agilité.

« Je passe sous silence les vexations des
« Gouverneurs Ottomans , parce qu'elles
« m'éloigneraient de mon but, qui est de

« vous donner une parfaite idée de l'in-
« fluence directe des Fanariotes sur les
« malheurs de nos Rayàs.

« Je crois utile de vous entretenir du
« Drogman de la marine (1) , Fanariote
« qui accompagne toujours le Capitan-Pa-
« cha dans ses excursions maritimes , et
« qui dirige , en grande partie , les exac-

(1) J'ai fait connaître, page 18, l'origine de cette dignité.
On a vu qu'elle avait été créée peu de temps après
celle de *Drogman du Divan.*

L'autorité du Drogman de la marine n'est guère
exercée par le Fanariote qui en est revêtu , qu'à la
sortie de l'escadre ottomane , qui est régulièrement
fixée au commencement du mois de mai de chaque année.

Si le Drogman de la marine n'exerce pas sa charge sous
un Capitan-Pacha en crédit, il parvient rarement à obtenir le Drogmanat du Divan , nécessaire pour parvenir à
l'Hospodariat.

La rentrée des impôts annuels , ou du tribut que
doivent les Insulaires de l'Archipel à la Sublime-
Porte , est une époque remarquable pour le *Drogman
de la marine.* Plus il a persécuté les Grecs , plus
il a montré du zèle , et c'est alors qu'il obtient quelquefois à son retour , à titre de récompense , la charge
de Drogman du Divan , et par la suite la dignité
de Prince Hospodar.

Parvenu à cette dignité , sa politique est subordonnée
à celle qui a été commune à tous ses prédécesseurs.

« tions inouïes de cet Amiral. C'est lui
« qui l'instruit, à l'égard des Primats et
« des membres du Clergé Grec, de tout
« ce qui s'est passé, soit dans les îles de
« l'Archipel, soit dans les différentes parties
« du continent, qui, littorales de la mer,
« sont, par ce motif, sous sa jurisdiction.
« Dès que l'escadre du Capitan-Pacha
« aborde dans un des ports, on s'empresse
« de lui apporter le tribut annuel, afin
« d'éviter les charges d'un trop long sé-
« jour ; car les équipages sont nourris aux
« frais des habitans, tant que les vaisseaux
« de Sa Hautesse y sont au mouillage. Mais
« cet empressement obtient rarement un
« heureux résultat ; le projet de dévaster ce
« pays, comme beaucoup d'autres, ayant été
« d'avance arrêté dans les conseils de l'Ami-
« ral, il faut qu'il reçoive son exécution. Les
« faux prétextes ne manquent pas ; et on
« voit, à ces déplorables époques, tomber
« sous le glaive ottoman les têtes innocentes
« des plus riches particuliers, tandis que
« leurs biens passent, par la confiscation,

« dans le domaine de leurs persécuteurs;
« d'autres, dépouillés de la totalité de leur
« fortune, sont impitoyablement envoyés aux
« galères. Ainsi s'évanouissent les espéran-
« ces qu'avaient pu concevoir les Primats.
   « Les habitans des petites îles de l'Ar-
« chipel sont plus particulièrement l'objet
« des persécutions du Drogman de la ma-
« rine, parce que, tandis que l'escadre
« turque continue sa tournée, celui-ci,
« monté sur une corvette et accompagné
« d'une horde de Boyards Fanariotes, par-
« court ces îles, muni d'un pouvoir du
« Capitan-Pacha, pour percevoir l'impôt
« annuel. Les insulaires vont aussi au-
« devant de ses désirs, dans l'espoir d'éviter
« de sa part les avanies qu'ils appréhen-
« dent. Mais, vaines précautions! Le Drog-
« man, sous le prétexte qu'il existe parmi
« eux des divisions, se déclare, en vertu
« de ses pouvoirs, juge de ces prétendus
« différends; et, surpassant, à l'égard de
« ses coreligionnaires, l'arbitraire des jus-
« ticiers de Sa Hautesse, il les traite avec

« une barbarie révoltante. En vain ces mal-
« heureux Ilotes veulent-ils le persuader
« que tout démêlé entre eux a cessé ; en
« vain le supplient-ils à genoux, en lui
« baisant les pieds et en lui prodiguant les
« épithètes les plus affectueuses, il n'écoute
« rien. On en a vu qui se sont inutilement
« abaissés jusqu'à lui dire : Seigneur Sultan,
« après Dieu, c'est vous que nous recon-
« naissons pour notre père sur la terre;
« ayez pitié de nos misères. Plus ces in-
« fortunés sont supplians, moins ils ob-
« tiennent de grâce, et leur humiliation
« ne fait que rendre le Drogman plus su-
« perbe et plus insolent.

« Il fait saisir un certain nombre de ces
« Grecs, qu'il remet ensuite entre les mains
« léonines du Capitan-Pacha : heureux s'ils
« peuvent en sortir au prix de tout ce qu'ils
« possèdent !

« Ce traitement barbare explique encore
« comment il arrive que les Rayàs sont sans
« cesse occupés à refaire leur fortune.

« Il n'est pas besoin, je pense, de vous

« faire sentir combien est affreuse cette
« conduite de la part d'un Grec, et com-
« bien elle doit vous paraître odieuse, cette
« politique des Fanariotes, visible dans les
« actes de ce Drogman. Votre âme doit
« être, comme la nôtre, affligée des misères
« toujours renaissantes de nos coreligion-
« naires, et d'autant plus douloureusement
« affectée, que l'œil le plus pénétrant ne
« peut apercevoir le jour où elles finiront.

« Vous avez vu que notre position est telle
« que nous ne pouvons être passibles des
« surcharges qu'éprouvent nos Chrétiens
« Rayàs, et que, si le Clergé dévore une
« partie de leurs revenus, et s'il prêche
« des maximes peu conformes au sens com-
« mun, c'est qu'il y aurait un véritable
« danger pour lui à ne pas le faire. Nous
« payons, il faut qu'on nous paye ; nous
« obéissons, il faut qu'on nous obéisse. Si
« nous voulions nous refuser aux volontés
« tyranniques de ceux qui dirigent tout, nous
« empirerions sans contredit le sort des
« Rayàs ; et quoique ce principe ne soit

« pas très-évangélique , il faut savoir faire
« un mal pour qu'il en résulte un bien.
« C'est la fin de cette pensée qui soulage
« notre conscience. La cause primitive des
« maux qu'endurent les Grecs est dans la
« politique scandaleuse des Fanariotes. Nous
« en sommes, il est vrai, les instrumens ;
« mais qu'y faire? Les choses sont ainsi
« établies, et il ne peut s'opérer une ré-
« volution chez elles que par une secousse
« qui ébranlerait non-seulement l'Empire
« Turc, mais encore la politique euro-
« péenne.

« Lorsque l'un de nous est élevé à l'épis-
« copat, il est contraint de verser une som-
« me qui varie, selon l'importance du siége,
« de deux cent à cinquante mille francs
« dans la caisse du Grand-Patriarche (1).

---

(1) Cette caisse , connue sous le nom de la Communauté du Grand-Patriarchat , a des revenus énormes ;
elle se compose de la réunion de toutes les caisses
particulières des monastères , des archevêchés et des
évêchés. Elle est sous la direction des personnages

« S'il ne possède pas le capital de la somme
« à laquelle il est imposé, comme cela ar-
« rive communément, il consent des obli-
« gations qui supportent l'intérêt de dix
« pour cent par an, et qu'on désigne sous
« le nom d'*Avlikiés-Omoloyes* (1). Chacun

---

remarquables du Fanar. Ces revenus ne sont point
applicables à la réparation des églises, ni à leur
entretien. Ces dépenses sont supportées par leurs propriétés foncières et par les casuels éventuels des fabri-
ques ; ils sont spécialement destinés aux tributs qu'on
doit à la Sublime-Porte, et aux sacrifices des Ministres pour obtenir la protection du Divan en faveur des
Chrétiens et des priviléges de l'Église d'Orient. Elle
secourt également les ex-Hospodars et les Boyards qui
sont dans le malheur.

Bien que cette Caisse ait des revenus immenses,
elle est presque toujours obérée de plusieurs millions,
personne n'oserait demander compte de ce passif,
pas plus que du mode d'administration de cette caisse.

(1) Ces obligations sont très-recherchées par les capitalistes, parce qu'elles présentent une grande solidarité, et qu'elles sont remboursables à quelques jours
de vue, à Constantinople, par le représentant de l'Archevêque ou de l'Évêque au nom duquel elles sont con-
senties. Les Princes et les Boyards placent ainsi la majeure partie de leur fortune.

« de nous est intéressé à l'extinction de la
« dette qu'il contracte en recevant l'inves-
« titure, pour ne pas supporter un intérêt
« usuraire. Cette dette retomberait à la
« charge du successeur, si, contre l'usage,
« elle n'était éteinte par le titulaire. Il arrive
« assez souvent que, dès qu'elle est soldée,
« on nous donne promptement un succes-
« seur, qui fait revivre ce crédit.

« Outre ces obligations, qu'il nous faut
« payer, nous sommes obligés de faire d'é-
« normes dépenses pour notre équipement
« et pour soutenir une représentation con-
« forme à notre caractère ; car il faut en
« imposer au vulgaire (1), et rien n'est
« plus propre à nous attirer son respect
« que les dehors de l'opulence. Aussi le
« moindre de nous ne pourrait soutenir

---

(1) Le Prélat disait vrai, et Tournefort ne s'est pas
trompé quand il fait l'éloge de la pauvreté des Evêques.
Mais les choses ont bien changé depuis un siècle, et
cet illustre écrivain aurait aujourd'hui à réformer cette
partie de sa narration. (Voyez Tournefort , Voyage de
l'Ile de Zéa.)

« son rang ni conserver sa place , s'il ne
« possédait un revenu de soixante mille ou
« de trente mille francs au moins.

« C'est pour faire face à ces dépenses
« que nous sommes obligés d'avoir recours
« à des moyens que désapprouvent les peu-
« ples civilisés , et qui nous ont valu de
« justes reproches de leur part. Leurs écri-
« vains ont condamné des résultats dont
« ils ignoraient les causes ; voilà leur tort:
« mais le blâme qu'ils ont fait jaillir sur
« ces résultats n'est pas sans apparence de
« justice.

« Où nous créer des revenus, si ce n'est
« dans nos attributions? Hors d'elles, il
« n'en existe pas pour nous. Aussi faisons-
« nous chèrement payer les funérailles d'un
« riche, et les messes archiépiscopales aux-
« quelles nous contraignons ses héritiers.
« Nous ne légalisons un mariage ou un
« divorce qu'au prix d'une forte contribu-
« tion. Nous nous faisons une grande res-
« source des excommunications majeures
« et mineures. On nous paye pour excom-

« munier, on nous paye encore pour être
« relevé de l'excommunication.

« Mais la principale branche de nos re-
« venus est dans la perception des dîmes,
« que nous opérons au moyen d'un Fir-
« man. Sans cet ordre irrécusable, nous
« ne parviendrions que difficilement à réa-
« liser ces rentrées, bien que la levée de
« la dîme porte un caractère sacré, puis-
« qu'elle est écrite dans l'Ancien Testament.

« C'est encore par l'instigation des Fa-
« nariotes que notre jurisprudence s'est
« démoralisée au point, qu'au nom de la
« Foi, les décrets des Synodes peuvent
« envoyer, comme ils l'ont fait à diverses
« reprises, aux galères, des hommes qui
« n'avaient peut-être d'autre tort à se re-
« procher que celui d'avoir, par leur con-
« duite, déplu ou fait ombrage aux Prin-
« ces Fanariotes. (1)

---

(1) Ce Prélat restreint cette autorité au Synode,
tandis qu'elle est facultative à tout Evêquë, puisque,
sur sa demande, un Grec est envoyé aux galères.

A Constantinople même, un individu est arrêté sans

« L'empire que nous exerçons sur les
« Rayàs eût été bientôt détruit , si la poli-
« tique Fanariote eût été moins prévoyante
« à l'égard de l'instruction publique : mais
« elle a senti qu'il était important de la
« diriger, et surtout de la diriger par nous.
« Si on eût laissé à nos Grecs la faculté
« de s'instruire, c'en était fait de notre in-
« fluence et de celle des Princes du Fanar.
« Aussi avons-nous toujours été attentifs
« à ne pas laisser pénétrer trop de lumiè-
« res dans les écoles. C'est, d'ailleurs, la
« volonté formelle du Gouvernement et
« celle des Fanariotes.

« Nous avons laissé entrer dans les col-
« léges les livres de notre sainte Religion,
« et nous en avons exclu ceux qui con-
« cernent les sciences, et particulièrement
« ceux qui auraient pu enflammer l'ima-
« gination des élèves, en leur rappelant
« la gloire et les faits héroïques de leurs
« ancêtres.

---

aucune explication , et plongé dans les fers au nom
du Patriarche.

« Il y a eu quelque relâchement dans ce
« système. Je vais vous citer quelques écoles
« où l'instruction était tolérée.

« D'abord, celle de Janina, sous la di-
« rection du savant Balano, vers l'an 1760.

« Celle du couvent Vatopédion, au Mont
« Athos, dirigée par le célèbre Eugène
« Bulgaris, qui se réfugia en Russie où
« il mourut à Saint-Pétesbourg.

« Troisièmement, l'école de *Couroù-*
« *Kesmé* à Constantinople ; celle *D'Aïvali*
« ou *Kidoniés*, et enfin celle de l'île de Chio.

« Mais on s'est ravisé : l'école de Cons-
« tantinople, quoique protégée par Mo-
« rousy, succomba sous l'autorité des Fa-
« nariotes, et fut fermée.

« Le savant Benjamin, qui avait, à
« Aïvali, formé d'excellens élèves, fut mandé
« à Constantinople, et, après avoir été sé-
« vèrement reprimandé par le Patriarche,
« il obtint, comme une grande faveur, l'au-
« torisation de retourner dans ses foyers,
« à cette condition, qu'il suivrait, en affai-
« blissant ses leçons, le système *Turco-*

« *Fanariote* et non celui des peuples civilisés,
« en lui faisant entendre que la Sublime-
« Porte n'avait pas besoin de savans.

« Les Grecs aisés et avides d'instruc-
« tion , mécontens des persécutions qu'on
« faisait éprouver aux écoles classiques, pri-
« rent la détermination d'envoyer instruire
« leurs enfans dans les autres contrées de
« l'Europe ; mais ils n'ont pu le faire qu'en
« employant divers prétextes et principale-
« ment celui de l'établissement d'une mai-
« son de commerce. Ils ont évité par là des
« persécutions de la part des Turcs et des
« Fanariotes.

« Quant à l'école classique de Chio , di-
« rigée par le célèbre *Vâmba* , et qui vient
« récemment d'être rétablie , quoiqu'elle
« professe des opinions contraires à celles
« des Fanariotes, on a voulu la conser-
« ver , parce que les habitans de l'île de
« Chio donnent l'exemple d'un parfait ac-
« cord et d'une union entre eux , qui
« n'existent dans aucune autre île de l'Ar-
« chipel : harmonie qui est sans doute le

« résultat d'une bonne administration. C'est
« à elle, sans contredit, qu'il faut attri-
« buer le progrès que les Chiotes ont fait
« dans le commerce(1). Le commerce, qui

---

(1) Les habitans de l'île de Chio sont doués d'un
caractère spirituel, gai, et même original ; mais ils
sont inconstans, distraits, mous, efféminés, et peu
propres à la guerre. On pourrait les comparer aux
Phéaciens dont parle Homère, avec cette différence
qu'ils ne sont pas hospitaliers comme l'était ce peuple.
Ce défaut d'hospitalité de la part des Chiotes peut
être attribué à leurs rapports avec les Européens du
continent ; car j'ai eu lieu d'examiner et d'éprouver
moi-même que les Levantins exercent l'hospitalité
d'une manière beaucoup plus générale que les Français,
les Anglais, les Allemands et les Italiens. J'ai remarqué
que ces peuples possédaient des lois, mais non des
mœurs hospitalières, qu'on ne pouvait assimiler les
froides politesses des peuples civilisés au généreux
abandon des grossières peuplades des îles de l'Archipel.
J'ai voulu quelquefois me rendre raison des causes
primitives de cette religieuse prévenance des Levantins
à l'égard des étrangers, si fortement en opposition
avec l'égoïsme des différens peuples de l'Europe, et je
crois ne m'être pas trompé en l'attribuant au droit ré-
ciproque des anciens Grecs de loger les uns chez les
autres ; car ce droit, selon nos historiens, s'étendait

« les a mis en rapport direct avec les Grands
« de l'Empire, les maintient en faveur
« à Constantinople ; et ce ne serait pas
« avec une chance heureuse de succès
« qu'on entreprendrait de faire fermer leur
« école.

« En attendant, nous nous sommes hâtés,
« pour notre compte, d'envoyer nos neveux
« et les enfans de nos amis à cet établisse-
« ment : mais soyez bien persuadé qu'il sera
« détruit avant que par son succès il puisse
« devenir dangereux à la tyrannie et au sys-
« tème des Fanariotes. Le peu de stabilité
« de ces institutions a toujours empêché que
« les enfans fussent complétement instruits;
« ils ne reçoivent qu'une éducation impar-
« faite, sans cesse entravée dans sa marche :
« aussi comptons-nous, parmi les élèves qui
« en sont sortis, beaucoup de demi-sa-
« vans qui raisonnent fort mal, et qui font
« regretter leur primitive ignorance.

---

de ville en ville, de particuliers à particuliers, et
de famille à famille.

« Vous croyez peut-être , me dit le Pré-
« lat, que les six mois de jeûne ordon-
« nés par nos institutions n'ont été imposés
« que dans des vues purement religieuses ;
« si vous le croyez, vous êtes dans l'erreur :
« il entre dans cette obligation beaucoup
« de politique et plus encore d'intérêt. Si
« un pénitent déclare avoir enfreint l'ob-
« servation de ce jeûne , son confesseur
« l'absout , mais au moyen d'une amende
« quelconque , et cette amende profite au
« prêtre ; elle fait partie de ses revenus.
« Si elle se trouve au-dessus des facultés
« pécuniaires du pénitent, comme elle est
« un *sine quâ non*, l'absolution lui est re-
« fusée , et partant la participation au sa-
« crement de l'Eucharistie ; et s'il lui ar-
« rive qu'il réponde à ces privations par
« trop d'indifférence , s'il ne vient pas sol-
« liciter la diminution de l'amende , il en-
« court l'excommunication , qui entraîne
« avec elle les conséquences les plus graves ;
« car l'excommunié est chassé de son vil-
« lage, du sein de l'Église et de la société:

« heureux si, sous un prétexte quelcon-
« que, on ne trouve pas le moyen de l'en-
« voyer aux galères ! (1) »

Les Prélats me firent ensuite concevoir qu'il y avait, dans l'institution des nombreuses fêtes, un but politique auquel se rattachait nécessairement un but d'intérêt : « parce que, disaient-ils, il nous faut des « revenus immenses pour satisfaire les Fa- « nariotes. L'Église d'Orient est leur tri- « butaire et, pour ainsi dire, leur esclave. « Dans l'Église Romaine, les offrandes des « fidèles sont volontaires ; ici elles sont obli- « gatoires. Un Latin fait dire des messes « de mort, si cela lui convient ; le Grec

---

(1) Les Grecs sont rigoureux observateurs de ce long carême : hors de lui point de salut. On a vu d'infâmes brigands, des pirates même, s'y soumettre durant le cours de leurs rapines et de leurs assassinats.

En général, le Grec est superstitieux (l'ignorance et la superstition se donnent ordinairement la main) : un scélérat qui aura commis tous les crimes imaginables et qui, par un hasard heureux pour lui, aura échappé au glaive de la justice, se croira justifié devant Dieu et les hommes s'il fait un pélerinage à Jérusalem.

« orthodoxe y est contraint ; et vous devez
« vous en être aperçu , puisque , dans tous
« nos temples, on prend le nom de chaque
« Chrétien qui y entre , en le forçant de
« déposer une somme pour le repos de
« l'âme des trépassés. Les fêtes obligent les
« fidèles à venir à l'église, et leur présence
« enrichit le casuel.

« Nous ne sommes pas fâchés , me di-
« rent les vénérables archevêques Sophias
« et Nicomédias , des confidences que nous
« venons de vous faire. Vous êtes notre
« ami et , comme nous , celui de votre
« patrie ; il était utile de vous faire con-
« naître la politique des Fanariotes. Quel-
« ques mots écrits dans l'avant-propos de
« votre ouvrage sur l'île de Tine , nous
« ont engagés à vous donner un aperçu de
« son influence sur le Clergé d'Orient, afin
« que vous puissiez écrire un jour que c'est
« à elle qu'est redevable la Grèce moderne
« d'une partie de ses malheurs et de l'igno-
« rance de ses peuples. »

Il n'est point de nation qui , asservie ,

ne cherche à tirer vanité de l'ombre de faveur que lui accorde le Prince, et qui ne veuille relever par quelque orgueil l'état abject dans lequel le plonge la servitude. Les Grecs, par exemple, s'enorgueillissent de voir sortir de leurs rangs les Princes qui régissent la Moldavie et la Valachie ; ils ne s'inquiètent guère de leur manière d'agir, ni des moyens qui les conduisent à la grandeur : ils sont Grecs et Hospodars, c'est tout ce qu'ils veulent savoir. Ils ignorent, les malheureux, que leurs maux viennent du parti qui fait et détruit ces Hospodars; que ces Hospodars eux-mêmes sortent du Fanar, foyer de toutes leurs infortunes; qu'ils y rentrent pour augmenter le nombre de ces courtisans avides d'or et d'honneurs, qui, toujours prêts à les acquérir, le sont aussi à les conserver au prix du bonheur de leurs semblables.

Ou je me trompe, ou les aveux des Prélats nous ont suffisamment indiqué d'où vient la haute idée que le peuple Grec a conçu de la puissance du parti Fanariote.

En crédit à Constantinople, prôné et secondé par le Clergé dans les provinces et
dans l'Archipel, comment ne serait-il pas
tout-puissant ?

Le peuple aime généralement à imiter
les Grands ; c'est un dédommagement qu'il
se procure avec délices. Les Fanariotes,
par vanité, ou par toute autre cause, ont
substitué aux noms qu'ils donnaient vulgai-
rement à leurs enfans, des noms plus historiques, plus pompeux, plus conformes
à leur orgueil. Cette manie a gagné une
partie des Grecs ; ils associent, depuis une
vingtaine d'années, au nom d'un des Saints
du Martyrologe le nom d'un héros de l'antiquité ou celui d'un personnage remarquable
du Bas-Empire. Il résulte de cette innovation que les noms patronimiques disparaissent
pour faire place aux noms adoptifs ; de ma-
niere qu'il s'établit une espèce de confusion
dans les familles. On n'aperçoit point l'utilité qu'ils veulent tirer de cette innovation :
elle ne paraît d'abord que ridicule ; mais,
examinée de près, elle présente des vues

fallacieuses ou des intentions politiques, c'est-à-dire qu'ils veulent, dès aujourd'hui, dans le restant de l'Europe, paraître descendre de ces grands hommes, et se ménager pour l'avenir, dans leur propre pays, ce respect qu'on accorde toujours aux souvenirs attachés à un nom illustre, et qui rejaillit sur celui qui le porte. Cette espèce de fourberie n'est pas très-dangereuse pour les contemporains ; mais il arrivera qu'un jour la Grèce ne sera peuplée que de faux descendans des Ptolomées, des Perdiccas, des Commènes, des Paléologues, etc., etc.

Cette manie des grands noms s'est tellement emparée de l'esprit de certains Grecs, que non-seulement ils les donnent à leurs enfans, mais encore à leurs navires. Ainsi tel bâtiment se nommait le Saint-Jean, qu'il porte aujourd'hui le nom d'Hercule, de Neptune, de Thémistocle, etc., etc.

Peut-être ce nouvel usage se rattache-t-il à de plus hautes idées ; son adoption peut avoir contribué à réveiller le courage et la hardiesse des Hydriotes, Speziotes

et Ypsariens , par les grands souvenirs attachés à ces noms. Il faut quelquefois peu de
chose pour ranimer la valeur d'un peuple
par la servitude , surtout quand ce peuple
abattu trouve dans l'histoire les hauts faits et
la gloire de ses ancêtres. Les derniers exploits
de ces vaillans Insulaires rappellent les plus
belles époques de la puissance grecque , et
forcent l'admiration des peuples.

Si les Hellènes , comme il est probable ,
réussissent à reconquérir leur liberté , les in-
trépides marins des îles de l'Archipel pourront revendiquer la plus belle part de l'œuvre
de leur régénération. Ils ont répondu par des
exploits inouïs à l'insolent mépris dont les
frappaient , en Europe , ces hommes légers
qui jugent les peuples sur les récits trop
souvent mensongers des voyageurs, surtout
des marchands , et qui ont été assez indis-
crets pour demander à des bras esclaves et
désarmés la même énergie qu'ils auraient
le droit d'exiger de mains libres et pesam-
ment armées.

CHAPITRE IV.

Déposition des Hospodars. — Leur retour à Constantinople. — Leur manière d'y vivre. — Ce qu'ils font pour ressaisir le pouvoir. — Leur exil. — Du prince Suzzo.

La durée du règne des Hospodars n'est point soumise à des règles fixes : elle est subordonnée à la volonté du Divan. Un Hospodar règne aussi long-temps que sa conduite plaît à la Sublime-Porte, et tout autant qu'il a su résister aux intrigues de ses ennemis.

Un Hospodar perd ou quitte sa principauté. Il la perd par la déposition.

Il la quitte par une démission volontaire, ou par son décès.

La plupart des Princes Hospodars ont été déposés.

Nous n'entrerons pas ici dans des détails sur les causes de leur déposition ; nous avons, à cet égard, dans le courant de cet écrit, dit tout ce qu'il y avait à dire.

Nous allons maintenant entretenir nos lecteurs de quelle manière on procède à la déposition.

C'est à Constantinople, et dans le plus grand secret, que s'expédie le Firman de déposition. On se méfie, dans cette occasion, du *Bâche-Capi-Kiahaya* du Prince déposé, lorsque la Sublime-Porte n'a pas sujet de se plaindre directement de lui ; car, au cas contraire, si la disgrâce du Prince est telle qu'on en veuille à sa tête, celle de son délégué tombe avec elle, s'il est soupçonné d'être de connivence avec lui dans un projet de haute trahison.

Le Firman de déposition est porté au Métropolitain de la province par un agent secret. Dès qu'il l'a reçu, il rassemble les Boyards indigènes, et leur ordonne de veiller à ce que le Prince déposé ne puisse rien distraire de la caisse du *Grand-Vestiar* ou

Receveur-Général (1), et d'empêcher sur-tout son émigration en pays étrangers.

Tous les dignitaires de la province prennent en cette circonstance, chacun en ce qui le concerne, toutes les mesures de prudence qui pourront leur éviter des re-montrances soit de la part du Divan, soit de celle du Kaïmakam du nouveau Prince, soit du Prince lui-même.

Mais, pour l'ordinaire, quelque mys-tère dont veuille s'entourer le Divan, le Bâche-Capi-Kiahaya du Prince déposé est prévenu de l'expédition du fatal Firman. S'il est dévoué à son mandataire, il le fait promptement et secrétement prévenir par un exprès, qui devance de vingt - quatre

____

(1) Cette caisse, lorsque l'Hospodar n'a pas eu le temps de la vider, renferme souvent des sommes immenses dont s'empare le nouveau Prince, sous prétexte de les répartir entre les sujets qui auraient à réclamer contre l'administration de son prédécesseur. Il n'est pas d'exemple que cette répartition ait eu lieu, car le Prince s'est toujours adjugé le profit de cette espèce de confiscation.

heures l'arrivée de celui du Gouverne-
mént.

Dès que le Prince est informé de sa disgrâce, il fait appeler auprès de lui le Grand-Vestiar ; il s'informe de l'état de sa caisse : si elle est garnie, il crée des mandats payables à vue et faussement motivés ; de manière qu'en peu d'heures, à peine reste-t-il dans cette caisse de quoi payer les émolumens des commis.

Pour ne pas inspirer des soupçons au Grand-Vestiar, il lui délivre en même temps des ordres décachetés pour les gouverneurs et percepteurs des divers districts, à l'effet de faire verser dans sa caisse l'argent qu'ils ont dans la leur, et provenant du recou-vrement des impôts.

Le Vestiar reçoit avec empressement ces ordres et les expédie sans tarder aux percep-teurs des vingt-quatre districts de la province. Quoique ces ordres soient parfaitement en règle et rédigés dans les termes ordinaires, ils n'ont aucune valeur, parce qu'ils portent un signe convenu qui instruit les percepteurs Fanariotes de la déposition du Prince, signe que ne peut apercevoir et reconnaître le Grand-Vestiar.

A la vue du signe stygmatique, les percepteurs arrangent leurs affaires de la manière la plus profitable et pour eux et pour le Prince. Ils mettent à l'abri l'or que leur enlèverait l'arrivée de la nouvelle authentique de la déposition. On doit s'imaginer du cas qu'ils font des ordres que leur transmet le Grand-Vestiar sous le titre de l'Hospodar déchu.

Mais il n'en est pas de même lorsque le Prince a pour successeur son Bàche-Capi-Kiahaya. Celui-ci avait un intérêt bien réel à lui laisser ignorer sa déposition : dans ce cas, l'argent recouvré reste dans la caisse et tombe, comme nous l'avons dit, au pouvoir du nouveau Prince.

Qu'on se fasse une idée de la consternation dans laquelle est plongée la Cour du Prince à la nouvelle de sa déposition. Les Boyards Fanariotes pleurent, se désolent : leur règne finit avec celui de l'Hospodar. Quelques espérances leur restent, mais elle sont mêlées de craintes et d'incertitudes. Les Boyards indigènes sont aussi mécontens ; mais leur règne n'est pas fini, et ils délassent leur douleur par les préparatifs obligés de la réception du Kaïmakam du nouveau Prince.

Il règne dans la Cour une assez triste confusion (1). Le Prince, délaissé par ses

---

(1) Je me rappelle une circonstance qui vint égayer un moment la tristesse qui régnait à la Cour du Prince auquel j'étais attaché, le jour où l'on reçut le Firman de sa déposition. Je vis, au milieu de cette débâcle, le Divan-Effendi (voyez page 25) consoler ainsi les Boyards: « Mes amis, leur disait-il gaîment, ne vous désolez « pas, tout nous vient de Dieu, tout est écrit la « haut; remarquez-moi, quoique je perde tout, je « suis joyeux, parce qu'ainsi le veut le *Destin*, et que « le Prophète même n'y pourrait rien changer. D'ailleurs, « les présages de cette catastrophe ne sont pas mauvais: « il y a huit jours que je l'ai remarqué à l'omoplate « d'un agneau rôti que j'ai mangé; il était bien marqué « de taches pâles, mais je n'en ai point vu de rouges, « ce qui signifie que le sang de notre Prince ne sera « point versé. »
Quelque consolant que fût le pronostic de ce généreux

courtisans, est presque abandonné par ses domestiques ; il s'aperçoit , dès ce jour, qu'il peut marcher seul sans avoir besoin d'être suspendu par les bras (1). Il se loge comme un simple particulier dans une maison bourgeoise , et y attend la réunion de ses Gouverneurs de districts qui , nécessairement, partagent sa disgrâce ; et de là, chacun , à ses propres frais , dispose les préparatifs du retour à Constantinople.

Le Prince déposé n'ayant aucun compte à rendre , mais étant néanmoins sous l'autorité du Prince régnant tant qu'il est sur ses terres, presse son voyage et a toujours soin d'éviter sa rencontre.

La demeure du Fanar étant interdite à tout Hospodar déposé (2), il se rend, en

---

Turc. , les Boyards ne s'empressèrent pas moins à mettre à l'abri tout ce qu'ils avaient pu rapiner.

(1) Voyez page 44.

(2) L'Hospodar reçoit, à sa nomination, l'étendard à trois queues ; lorsqu'il revient à Constantinople, il ne peut plus habiter le Fanar , parce que , d'après les constitutions , le Grand-Visir , qui a également

arrivant à Constantinople, à sa maison de campagne située sur les bords du Canal. Il y vit d'abord dans le plus grand isolement : un profond silence règne à son alentour ; la plupart des fenêtres de son habitation sont fermées et les rideaux de celles qui sont ouvertes baissés ; on aperçoit peu de lumières durant la nuit. Enfin, l'extérieur et l'intérieur de cette demeure ont l'aspect du deuil et du malheur.

Le Prince est censé n'avoir de communication avec personne, si ce n'est avec son médecin ou avec quelques Archevêques. Cette manière de vivre, en détruisant tous les soupçons, lui attire encore la compassion des Musulmans (1).

---

trois queues, a seul le droit d'habiter l'intérieur de Constantinople. Les lois ottomanes ne veulent pas que deux personnes jouissant de ce droit, résident dans la même ville ; c'est pourquoi le Capitan-Pacha habite l'Arsenal situé hors des murs de la Capitale.

(1) On a vu des ex-Hospodars pousser leur hypocrisie jusqu'à se servir de procédés chimiques pour faire blanchir leur barbe ; les Turcs ayant un respect tout particulier pour les hommes qui ont la barbe blanche.

Une fois qu'il est assuré qu'on ne le recherchera plus sur l'administration qu'il vient de quitter, il diminue ses précautions et ne garde plus une réserve aussi grande: il reçoit les visites et surtout celles des Boyards Fanariotes. Ces visites lui sont d'autant plus agréables que, ne pouvant sans danger entrer dans Constantinople, il a besoin de se concerter avec eux.

C'est dès ce moment que recommencent ses intrigues pour rivaliser l'influence des autres ex-Princes qui briguent comme lui leur rétablissement. La fortune qu'il vient de réaliser le met à même de combattre les difficultés que présentent sa situation et l'état de gêne politique où il se trouve.

Dans l'origine, le nombre des ex-Princes étant moins considérable et l'Hospodariat n'étant maintenu ordinairement que deux ou trois ans à celui qui le possédait (1),

____

(1) Les princes Kallimaki et Caratza ont dernièrement gouverné leur province près de sept ans, et sans interruption. Ce long règne, qui fait véritablement

on voyait plus souvent la réintégration des Princes ; mais leur nombre s'était tellement accru, que leur retour en dignité était devenu difficile pour les uns et presque impossible pour les autres. C'est ce qui fit que l'intrigue entre eux prit un développement extraordinaire. Ils se persécutaient, même entre parens de la même famille, et se détestaient jusqu'à l'aversion. Il en est résulté que les Grands de l'Empire, fatigués de leurs importunités et quelquefois de leurs détours, ont fait exiler les uns et décapiter les autres, et réduit, par là, à un petit nombre les solliciteurs et les ayans droit.

Ces Princes conservent dans leur adversité un orgueil extrême qui donne à leur personne un air de véritable grandeur. Il en est même qui ont fait preuve d'une grande philosophie.

Il en est aussi qui n'ont fait aucun retour

exception à l'usage, a été le résultat des traités ; il a été sans doute convenu pour éviter à ces provinces les charges et les inconvéniens qu'entraînent toujours pour le peuple les fréquens changemens des Hospodars.

sur eux-mêmes et qui sanctionnaient, par le raisonnement, la persécution dont ils éprouvaient les rudes effets. En voici un exemple.

Le Prince Alexandre Suzzo étant exilé à l'île de Rhodes l'an 1802, je l'y suivis. Un jour, qu'il était retenu au lit par une très-forte fièvre et un violent mal de tête, je m'aperçus qu'il se contraignait devant quelques personnes qui le visitaient. Je m'approchai de lui pour l'engager à ne point se contraindre : je lui dis que quelquefois la plainte soulageait un malade. Il me répondit : « Celui qui aime les roses doit supporter patiemment les piqûres de leurs épines » ; Et, brusquant la conversation, il me demanda si M. Anastase, négociant, arrivant de Bucharest, m'avait communiqué des nouvelles de la Valachie. Je lui répondis qu'oui et qu'il rapportait que le Prince régnant écrasait ses sujets d'impôts, qu'il exigeait à-compte sur à-compte, sans jamais délivrer quittance ; ce qui faisait que les pauvres Tcharans ignoraient leur situation et désespéraient de pouvoir s'acquitter envers lui. Qu'on lui reprochait enfin une foule d'injustices plus révoltantes les unes que les autres. « Qu'avez-vous répondu à ces inculpations, me dit le Prince » ?—« J'ai répondu, lui répliquai-je, que Son Altesse régnante enverrait sans doute des *Tzerka*, ou agens, spécialement chargés de recevoir les plaintes du peuple, et qu'il lui ferait rendre justice, s'il était vrai que ses administrateurs eussent abusé de leur pouvoir, parce que tout Hospodar imite le bon berger qui chérit et soigne ses brebis.

« Vous êtes bien entendu en médecine, me répondit le Prince, mais non en politique, et surtout en politique Fanariote. Il fallait lui répondre qu'on ne doit pas, dans ce monde, examiner trop minutieusement les choses, mais arriver au but, qui est la richesse ; et que tout homme qui laisse échapper l'occasion qui lui est offerte de s'enrichir, mérite d'être constamment pauvre. »

« J'en conviens, répliquai-je encore ;

mais n'arrive-t-il pas qu'en saisissant avec trop d'ardeur ces occasions, on s'expose à des exils »? — « Sachez, me dit-il en m'interrompant, qu'un Prince Fanariote sans ambition et sans intrigue ressemble à un orateur sans éloquence, à une coquette sans prétention et à un prêtre sans hypocrisie. Je n'ignore pas que la justice et le désintéressement doivent être le partage d'un Prince ; mais cette moralité ne s'accorde pas avec le système Fanariote. Croyez-moi, on ne peut courir en même temps après la justice et la richesse ».—«Prince, lui dis-je, il me paraît qu'on pourrait réunir l'un et l'autre ; et pour cela, je crois qu'il n'y aurait qu'à ne pas prodiguer une fortune modique en intrigues, et à ajouter à l'économie tout ce qu'on donne à la vanité. »

Il ne faut pas cependant tirer, de ce que je viens de dire, des inductions trop générales. Il s'est rencontré parmi les Hospodars, des hommes qui, pour suivre le système Fanariote, n'en étaient pas moins au fond des hommes de mérite et doués de grandes connaissances. La famille Mavro-cordato a fourni quelques bons Princes et habitués au maniement des affaires publiques. Les derniers des Ypsilanti se sont fait remarquer par leur probité, leur instruction et leur générosité. Mavro-Gheni était un homme de beaucoup de courage et d'une grandeur d'âme qui approchait du stoïcisme. Les Morousy ont été reconnus pour être d'excellens diplomates et d'habiles administrateurs. Malheureusement pour eux, et plus malheureusement encore pour les peuples qu'ils gouvernaient, ils se sont vus obligés, par leur position, à suivre les préceptes du Fanar, et à soumettre à leurs entraves tout ce qui répugnait à leur génie et à la droiture de leur âme.

Sans doute, il eût été bien plus honorable pour ces hommes de bien de renoncer aux honneurs et aux richesses, lorsqu'ils devaient être acquis aux dépens de la justice et de la vertu; mais ces sacrifices, lorsqu'ils ne pouvaient rien changer à la destinée des peuples, n'auraient eu aucun résultat profitable pour

eux, et mieux a valu encore pour ces peuples
que le despotisme ait été exercé par ces
hommes modérés, que par ces êtres toujours
extrêmes que ne gouverne jamais un sentiment généreux, et que dirigent toujours
l'ignorance et la cupidité. Ils ont du moins
exercé quelques libéralités à l'égard de leurs
sujets, et leur administration, plus paternelle et plus éclairée, a répandu sur les
provinces des bienfaits qu'elles n'eussent
peut-être jamais obtenus de ceux qui auraient régné à leur place.

Nous avons vu l'*Hospodar* sortir modes-
tement du rang des Fanariotes, parvenir
au Drogmanat, et quitter le palais du Divan
pour prendre les rênes du gouvernement
d'une des Principautés.

Nous l'avons suivi depuis Constantinople
jusqu'à la capitale de sa province ; et, sur-
veillant sa conduite, nous avons dévoilé le
funeste système qu'il a adopté dans l'administration de son petit royaume.

Nous l'avons montré tel qu'il était, l'esclave de sa position, l'instrument d'un parti

puissant et dangereux , et l'exemple le plus déplorable des victimes de l'ambition et de l'orgueil.

Elevé par l'intrigue au faîte des honneurs, rejeté par l'intrigue dans un état de nullité et d'abaissement.

Nous avons montré l'homme envieux de gloire , de puissance et de richesses , parvenir au comble de ses désirs , et retomber, à l'aspect d'un Firman , à sa première position ; obligé de recommencer ses intrigues, et de terminer misérablement sa vie , s'il ne réussit à ressaisir les grandeurs , dans les angoisses de la misère aux lieux mêmes où il vécut opulent, ou de périr de chagrin dans un lieu d'exil , si sa tête ne tombe pas sous le glaive du Musulman.

Nous allons parler , dans le chapitre suivant, des *Boyards Fanariotes.*

CHAPITRE V.

Des Boyards Fanariotes , après la déposition de leur Prince. — Éducation de leurs fils. — Conseils de l'Hospodar à ses fils. — Éducation des femmes Fanariotes. — Divorce injustement provoqué. — Particularités Fanariotes.

On a vu que la dignité de Boyard n'était accordée que par le Prince revêtu de l'Hospodariat ;

Que , dans les provinces , les Boyards se partagent en deux classes , savoir : en Boyards indigènes et Boyards Fanariotes ;

Que les lois ont garanti aux premiers l'administration d'une partie des affaires publiques , mais qu'elles ont laissé à l'Hospodar une si grande latitude dans la distribution des emplois, que les plus importans de ceux qui n'appartiennent pas de droit aux Boyards indigènes , sont donnés par lui aux Boyards Fanariotes, ses véritables créatures.

Je crois avoir assez démontré l'esprit qui dirige ordinairement ces Boyards ; mais je ne crois pas avoir indiqué suffisamment l'origine des Boyards Fanariotes et ce qu'ils étaient avant leur élévation : c'est ce que je vais essayer de faire.

La plupart des Fanariotes qui ont obtenu la dignité de Boyard, étaient des hommes sans naissance et sans mérite qui ont été conduits, comme par la main, à un rang qu'ils n'ont quelquefois pas eu le temps d'ambitionner, et pour lequel ils n'étaient pas nés.

La fortune d'un seul homme fait sortir du Fanar une foule d'individus sans illustration, qui n'ont d'autres titres à la protection du Prince que leurs richesses, des recommandations particulières, quelques obscurs services, ou le mérite de la parenté.

Arrivés à la suite du Prince, ils sollicitent et obtiennent de sa munificence le titre de Boyard, auquel Son Altesse joint un emploi, si celui qu'il en décore mérite quelque chose de plus qu'un titre purement honorifique.

L'Hospodar élève de préférence à la dignité de Boyard ses gendres et ses proches parens. C'est aussi également à eux qu'il donne les premières charges de la Principauté.

Ainsi, on se ferait une fausse idée à Constantinople, comme ailleurs, si on attachait la moindre idée de noblesse ou d'illustration quelconque à la dénomination de Boyard. Du reste, le respect qu'on pourrait accorder à ceux qu'elle désigne, s'évanouirait à l'aspect des richesses si promptement et si coupablement acquises par la plupart d'entre eux, si l'on consultait à leur égard la vindicte publique.

Certes, je suis très-éloigné de faire de la naissance obscure un sujet d'exclusion; je ne m'arrête point à ce préjugé des petites âmes, et j'appelle la protection souveraine sur tous les hommes de mérite, et sur eux seulement lorsqu'il s'agit du bonheur du peuple, toujours intéressé à ce que l'administration des affaires publiques soit confiée à des hommes bien intentionnés et capable de les diriger. C'est pourquoi j'examinerai si la plupart des Boyards Fanariotes étaient appelés, par leur éducation et leurs vertus privées, à participer aux actes d'administration.

Dans les empires civilisés, où l'éducation a façonné les hommes selon les besoins de la société, la faveur du Prince peut être justifiée par l'application et le zèle de ceux qu'elle a associés à ses travaux administratifs. Une bonne éducation enseigne aux hommes appelés par la fortune à gouverner leurs semblables, à faire un bon usage de leur pouvoir, à modérer le libre arbitre du souverain soit par de sages conseils, soit en secondant ses bonnes intentions. Il est reconnu que le chef d'un gouvernement quelconque donne l'essor à sa tyrannie, demeure ou rentre dans la voie de la justice, selon qu'il rencontre en eux des hommes de bien et dirigés par une éducation préalable.

Mais dans les empires privés des bienfaits de la civilisation, où l'éducation est considérée sous un rapport secondaire et soumise aux calculs de l'égoïsme, où elle fait même ombrage au pouvoir, la faveur du Prince tombe aveuglément sur des individus abandonnés aux désordres des passions, et qui se laissent diriger par une sordide avarice : conséquence inévitable de la soif des richesses, malheureusement commune à la plupart des hommes. Si le Prince a des vues généreuses, il rencontre sans cesse des obstacles parmi ses délégués ; s'il est guidé par le génie du mal, il trouve en eux de complaisans auxiliaires qui renchérissent sur lui et qui portent la flamme au lieu qu'il a seulement dévasté.

Malheureusement pour les Grecs, l'Empire Ottoman se trouve dans ce dernier cas. Le Fanar n'est peuplé que d'hommes presque étrangers à la civilisation européenne, et lorsque l'Hospodar doit choisir parmi eux des favoris, son choix ne peut tomber que sur des êtres ignorans et nourris de basses idées.

Les fils des Boyards de première classe,

seuls, reçoivent un commencement d'éducation. On leur donne un maître particulier pour les instruire dans la langue grecque (grec littéral), et lorsqu'on les suppose assez avancés, on remplace le maître
Grec par un professeur de langue française,
qu'on prend de préférence parmi les Or-
léanais ou parmi les Lyonnais à cause de
leur accent. Mais il est rare que les enfans,
par le dérangement de la fortune de leurs
pères, ne soient pas obligés de se perfec-
tionner eux-mêmes dans cet idiome, et
que le professeur ne leur soit retiré de
bonne heure.

Les Boyards parens du Prince déposé,
soit par ambition, soit par vanité, font quelquefois apprendre à leurs fils la langue turque; mais ils ne le peuvent qu'avec le consentement du Prince, parce qu'il est à remarquer qu'ils ne cessent d'être soumis à
sa puissance. Le Prince qui les a créés
Boyards, peut les faire rentrer dans les
rangs des simples Rayàs, sur le seul avis
qu'il en donne au Drogman du Divan.

Ce n'est que très-difficilement que les Boyards obtiennent du Prince l'autorisation de faire instruire leurs enfans dans la langue turque, et la raison en est naturelle: c'est que l'ex-Hospodar appréhende que ces jeunes gens ne parviennent, par leur instruction, et surtout par la connaissance de la langue turque, au Drogmanat et, plus tard, à l'Hospodariat : ce qui les mettrait à même de lui nuire, au point même de détruire jusqu'à son ombre de puissance.

L'autorisation du Prince est un grand sujet de joie pour une famille Boyarde : le *Hotgia*, ou maître de langue turque, est reçu par elle avec enthousiasme ; on congédie tous les autres maîtres, et autant on avait d'indifférence pour ceux-ci, autant on a d'attention pour celui-là. Les politesses les plus affectueuses, les cadeaux les plus magnifiques lui sont prodigués ; ses émolumens sont portés à une valeur décuple de celle des autres maîtres, et rien n'égale la vénération qu'on lui témoigne. J.-J. Rousseau, qui a blâmé la conduite des parens à l'égard des précepteurs, et qui voulait qu'on leur réservât plus d'estime, aurait dû réclamer en leur faveur les égards qu'on accorde à Constantinople, dans les maisons Boyardes, à un *Hotgia* (1).

Pour encourager le zèle de ce professeur et flatter son ambition, on lui promet que si son écolier est un jour élevé à l'Hospodariat, il sera choisi pour être son *Divan-Effendi*. On a vu quelquefois cette promesse se réaliser ; mais on a vu plus souvent encore tous les efforts et tous les soins de l'Hotgia échouer devant les difficultés de la langue turque, l'élève se dégoûter et ne rien apprendre, malgré les vives sollicitations de ses parens, qui lui

______

(1) Il est vrai qu'on ne saurait payer les services d'un *Hotgia*, car ce Musulman est obligé de se soustraire aux règlemens de sa croyance pour se livrer à l'instruction. La loi dit que tout Musulman qui dicte littéralement sa langue à un infidèle, celui qui apprend un idiome des infidèles, ainsi que celui qui est à leur service, ne peut être considéré que comme un demi-musulman.

montraient la principauté en perspective, avec la gloire et la puissance de toute sa famille.

Ce dégoût résulte, en grande partie, de ce que le Prince n'accorde son autorisation qu'à la condition expresse que l'enfant sera, avant tout, instruit dans les langues grecque et française. Le charme de ces deux idiomes, et l'attrait des ouvrages qu'il a pu lire, contribuent à lui rendre fastidieuse l'étude de la langue turque.

Le Prince suit à l'égard de ses fils un système opposé ; ils n'apprennent aucune langue étrangère avant qu'ils ne soient passablement instruits dans l'idiome turc : l'expérience a prouvé que cette pratique était excellente.

Comme il n'y a pas de règle sans exception, on a vu des fils de Boyards acquérir de grandes connaissances dans la langue et la littérature turque (1), et devenir Drogmans et même Hospodars.

____

(1) On cite entre autres Jean Théologue, fils d'un

Et quand même les fils des Boyards eussent été, en général, instruits dans les langues grecque, française et turque, est-ce là, politiquement parlant, une éducation parfaite? Ce n'est, à mon avis, qu'une éducation de collége qui meuble l'esprit, mais qui laisse un grand vide dans le jugement. L'éducation que j'exige chez un homme appelé à des fonctions administratives et à la distribution de la justice, doit avoir une autre étendue et une origine plus sévère. C'est celle qui dérive de la connaissance de l'esprit humain, puisée dans l'étude des lois et dans les leçons de l'histoire; et encore serait-elle inutile, si elle n'était secondée par l'éducation du cœur, et fé-

---

Boyard de première classe, qui se fit remarquer par une vaste et riche érudition. Son père, qui était de l'île de Syphante, avait acquis une grande fortune et avait su échapper à la politique des Fanariotes; mais il fut persécuté, et le mérite de son fils ne fut pas étranger aux tracasseries qu'on lui suscita. Ce savant s'est soustrait à la jalousie des Princes du Fanar, et a attiré sur lui de hautes faveurs en Europe.

condée par l'exemple des vertus et les conseils de la sagesse.

Cet exemple des vertus et des conseils
de la sagesse, les fils des Boyards les re-
çoivent-ils dans leur enfance ? Leurs pères
leur prêchent-ils, à défaut d'instituteurs,
l'observation des vertus sociales, ces égards
réciproques que se doivent entre eux les
hommes ? Leur montrent-ils le pouvoir
comme créé pour protéger le faible ? Ap-
puyent-ils leurs leçons de la puissance de
l'exemple ? Hélas! par ce que mon lecteur
a pu voir dans cet Essai, la plupart de ces
Boyards ont été, au contraire, les oppresseurs du peuple, et s'ils ont un salutaire
exemple à offrir à leurs enfans, ce ne peut
être que celui de leurs adversités, de leur
abaissement après la chute du Prince.

Si l'éducation que reçoivent les fils des
Boyards est peu propre à former des administrateurs, des hommes publics, que sera-
ce de celle de ces Fanariotes que le Prince
fait sortir des ateliers les plus obscurs et
même du rang de ses domestiques, pour
les parer de l'énorme Kalpak ?

Quant aux parens du Prince, le hasard a beaucoup fait pour eux ; mais ils rivalisent d'ignorance avec les autres classes de Boyards.

Mais ce défaut d'éducation, qui entrave le Fanariote dans sa marche, ou le fait aller trop vite, est encore empiré par les funestes insinuations de ses propres parens. Ils s'appliquent à lui enseigner la dissimulation, le mensonge, la défiance, et à leur présenter comme une nécessité la culture de l'intrigue, de la chicane, de l'hypocrisie politique, et surtout des restrictions qu'ils surnomment finesses. « Un Boyard, leur disent-ils, doit chercher à deviner les secrets d'autrui et à bien cacher les siens. Il doit, dans la discussion, ne jamais contrarier l'opinion de son adversaire, surtout si cet adversaire n'est pas Boyard lui-même : c'est la manière la plus sûre pour lui cacher votre façon de penser, et de profiter de ses indiscrétions. Surtout, donnez à vos paroles (quelque mensongères qu'elles puissent être) cet air de vérité qui trompe même les esprits les plus pénétrans ». Cet avis est presque toujours accompagné de l'autorité d'un exemple pris dans le sein des Boyards qui ont eu le plus de réputation.

Les jeux de cartes, l'ivresse, les voyages, et surtout le commerce épistolaire propre à dévoiler le caractère de l'homme, lui sont toujours présentés par les Boyards comme des occasions favorables pour juger les autres, mais aussi comme des écueils très-dangereux, et qu'il faut, autant que possible, éviter pour soi-même.

Les leçons du Prince à l'égard de ses *Beyzadés*, ou enfans, ont un caractère plus élevé, mais non moins odieux.

« Mes enfans, leur dit-il, n'oubliez jamais que nous sommes ici-bas les jouets de l'instabilité de la fortune ; que nous devons sans cesse nous appliquer à détourner les coups qu'on dirige contre notre autorité, contre nos personnes et contre nos biens; que le meilleur moyen pour y réussir est de suivre la politique Fanariote, seule boussole qui puisse nous diriger sous un gouvernement despotique. Telle est celle qui a guidé ceux de nos prédécesseurs qui ont acquis beaucoup de renommée et de grandes richesses. Sans elle, vous n'éprouverez que des obstacles et des malheurs. Elle vous enseignera à combattre utilement vos rivaux, à ne pas vous laisser devancer par eux, quand vous briguerez l'Hospodariat qui doit toujours être l'objet de votre ambition.

« Souvenez-vous qu'il faut sans cesse vous montrer devant les Seigneurs Turcs soumis, charitables, généreux et éloquens; qu'il est même utile et indispensable d'être prévenans et humbles envers les gens de sa suite. Lorsque vous entrerez dans la chambre d'un Grand de l'Empire, vous ferez d'abord une révérence; parvenu au milieu de cette chambre, vous en ferez une seconde en décrivant un demi-cercle, afin de laisser toujours la porte à découvert. En approchant de Sa Seigneurie, vous vous prosternerez à ses genoux, en prenant le pan de sa robe par le bout, que vous porterez à votre front immédiatement après l'avoir baisé. Quelquefois la générosité de Sa Seigneurie préviendra cette déférence ; alors, vous empoignerez les franges de son sopha que vous baiserez avant de les porter à votre front. Vous vous releverez, et vous vous éloignerez de ce Seigneur, sans jamais lui tourner le dos. Si, par un signe, il vous invite à vous asseoir, empressez-vous d'aller vous mettre à genoux à l'une des extrémités de la chambre, en observant qu'aucun Turc ne soit derrière vous. Si Sa Grandeur a la bonté de vous demander dans quel état se trouve votre santé, vous répondrez : *Seigneur, je baise la poussière de vos pieds*, et dans toutes vos réponses n'employez jamais que la troisième personne du pluriel (1).

---

(1) On attribue généralement cet usage aux Fanariotes. Vainement ai-je voulu soutenir qu'il a été introduit par les Drogmans des Ambassadeurs Européens, leurs aînés dans la diplomatie et l'étiquette de Cour. Quoi qu'il en soit, il est de fait que cette manière

« Si Sa Seigneurie n'a personne de sus-
pect auprès d'elle, elle vous engagera à
venir vous asseoir à ses côtés, après avoir
renvoyé ses domestiques. C'est alors, mes
enfans, qu'il faut habilement vous servir de votre éloquence et de votre politique pour obtenir de Sa Seigneurie le tout
ou partie de ce que vous aviez intention
de lui demander, et surtout de faire sur
son esprit l'impression la plus propice, afin
de la laisser prévenue en votre faveur, et
disposé à seconder vos projets, de quelque
nature qu'ils puissent être.

« En sortant de la chambre de Sa Seigneurie, faites des libéralités aux gens de sa suite;
donnez beaucoup d'or aux grands comme
aux petits, car si vous en oubliiez un seul
vous vous feriez beaucoup de mal. C'est
une coutume admise chez tous les Grands

de parler est devenue commune à tout le Sérail, et
que dans le Harem les femmes se servent de la troisième personne du pluriel, même lorsqu'elles s'adressent à leurs inférieurs.

de l'Empire. Ces nombreux domestiques
que vous apercevrez chez eux ne sont riches
que des largesses des personnes qui visitent
leur maître. Leurs gages ne s'élèvent pas à
plus de cinq francs par mois, et pourtant
vous les verrez couverts des plus riches étof-
fes et de chals de cachemire dont le moindre peut être évalué à mille francs. Plus
vous serez généreux et prévenant à l'égard
de ces domestiques, et mieux iront vos
affaires : ils préviendront leur maître en
votre faveur, et rendront pour vous son
accès plus facile.

« C'est par vos succès auprès des grands
Seigneurs que vous pourrez un jour parvenir au Drogmanat et ensuite à l'Hospodariat.

« Si vous parvenez à cette dignité, n'oubliez pas que le Clergé Grec vous déteste,
et que vous devez sans cesse le tenir en
respect en persécutant celui de ses membres qui voudrait s'affranchir du système
Fanariote. Tant qu'il vous sera soumis,
vous gouvernerez facilement les Grecs,

parce qu'il les tiendra sous la domination
du préjugé et dans l'obéissance de vos volontés, et que c'est véritablement alors que
vous serez les chefs de la nation Grecque,
et que vous aurez un parti chez elle.

« Rappelez-vous, mes enfans, que les
Fanariotes ont toujours fait en secret de
vains efforts pour détruire les Pachaliks,
soit dans la Servie, soit dans la Morée,
même à Chypre, non dans l'intention d'en
rendre les peuples indépendans ou *Autono-
mes*, mais pour les placer sous leur autorité
comme ceux des provinces de la Moldavie
et de la Valachie. Rappelez-vous-en, si l'occasion se présente de pouvoir accomplir ce
vaste projet. »

On voit, par ce qu'on vient de lire,
que les fils des Princes reçoivent, dès leur
enfance, les perfides conseils qui influent
sur toutes les actions de leur vie. Appelés
par leur naissance et leur situation politique au maniement des affaires, quel esprit peuvent-ils apporter dans leurs actions,
si ce n'est celui qui leur fut inspiré dès
leur adolescence ?

Défaut d'éducation, ambition et soif des richesses, obéissance passive au système des Fanariotes, voilà les qualités et les vertus des Boyards de Constantinople.

Après avoir lu ce court aperçu sur la mauvaise éducation que reçoivent les fils des Boyards, le lecteur ne sera pas fâché peut-être de lire quelques lignes sur celle que reçoivent leurs filles. J'ai pris, dans le premier chapitre, l'engagement de prouver que l'éducation que reçoivent les femmes Fanariotes est peu propre à justifier l'empire qu'elles veulent avoir sur les affaires publiques.

Les femmes ont, dans tous les pays du Monde, un empire sur l'esprit des hommes. Cet empire varie selon le degré de civilisation des peuples. Chez les uns, la beauté du corps et la régularité des traits l'emportent sur tous les autres avantages ; chez les Français, les grâces et l'esprit ont la suprématie sur tous les dons de la nature. L'influence des femmes est donc relative ; elle diffère dans ses moyens, mais non dans ses résultats.

Les femmes, au dire du prince des poètes français, sont destinées à polir le caractère des hommes,

A les changer, à les rendre meilleurs.

C'est du moins ce qu'elles devraient faire dans les pays civilisés, où l'éducation vient augmenter le prix des charmes et de l'esprit des femmes. Cette influence peut être salutaire ; mais, dans les pays demi-barbares, où l'éducation des hommes est négligée, où celle des femmes n'est qu'ébauchée, elle ne peut être que funeste. L'orgueil et la prévention usurpent les droits de la sagesse, chez une femme qui ne peut prendre conseil que de sa vanité.

En général, le vice règne dans les Cours où règnent les femmes. Cette vérité, applicable aux pays civilisés, l'est, à plus forte raison, à ceux qui ne le sont qu'à demi.

Les femmes Fanariotes sont jalouses, au plus haut degré, de cette domination domestique.

Justifions maintenant l'opinion que nous avons émise sur leur éducation.

Chez les Fanariotes, dès qu'une demoiselle sait lire et écrire, son éducation scientifique est terminée : elle s'arrête à l'instruction primaire. On néglige tout ce qui pourrait orner leur esprit : les beaux-arts leur sont étrangers ; la musique, la peinture et la danse, qui prêtent leurs charmes aux dames européennes, sont éloignées de leur demeure. Tous les soins de leur mère se portent à leur inspirer les sentimens d'une coquetterie étudiée, à faire de l'art de plaire la plus importante de leurs occupations. Aussi, remarque-t-on dans leur maintien un abandon qui n'est point naturel, et dans leur manière de parler quelque chose d'affecté. On les élève pour le monde beaucoup plus que pour le mariage, qu'elles ne désirent, en général, que pour se gouverner elles-mêmes et pour gouverner leurs maris ; car on leur inculque dans l'esprit qu'une femme doit, pour être heureuse en ménage, avoir beaucoup d'ascendant sur l'esprit de son époux ; que ce moyen est le seul qui puisse lui éviter les

ennuis de l'hyménée : « Car, disait un jour
une mère à sa fille, apprenez de moi que
cet ascendant est si nécessaire à votre félicité, qu'il faut essayer votre pouvoir sur
les hommes avant même de vous unir
à l'un d'eux. Si vous ne pouvez, par vos
charmes ou votre esprit, les assujettir à
vos volontés, renoncez au mariage ; vous
ne sauriez être heureuse : votre époux aurait sur vous le facile avantage de vous reprocher tantôt votre coquetterie, tantôt
votre prodigalité. Vous ne sauriez rien faire
qui ne lui parût fastidieux : vous ne seriez
bientôt plus que sa femme. Vous éprouve-
riez, par la prépondérance que vous lui
laisseriez prendre, tout l'orgueil qui caractérise les hommes, et qui prend sa force
dans notre insouciance. Mais, pour les gouverner, ma fille, il faut étudier d'avance leurs
faiblesses : les connaître, c'est en disposer.

« La parure plaît généralement aux hommes ; parez-vous, parce que l'essentiel est
de leur plaire : si vous séduisez leurs yeux,
vous êtes maîtresse de leur cœur. »

Ce sont là les principes que reçoivent les demoiselles Fanariotes : devenues épouses, elles les mettent en pratique avec beaucoup d'exactitude et même avec beaucoup de succès. Elles trouvent, d'ailleurs, dans leur physique, des moyens puissans de séduction.

J'ai remarqué que les dames Boyardes ont, en général, la physionomie très-expressive, des yeux vifs et brillans ; que leur taille élégante est relevée par une mise très-soignée. Elles paraissent, au premier abord, d'une excessive retenue, la pudeur imprime sur leur front ce caractère d'innocence qui séduit et entraîne ; mais, après un moment d'entretien, leur physionomie s'anime ; l'enjouement et même la folie se substituent à la place de la timidité ; il s'opère, en un mot, chez elles une métamorphose qui tourne toujours à leur avantage, bien qu'elle dévoile leur dissimulation. Cette conduite, toute blâmable qu'elle est, s'appelle usage du monde, savoir-vivre : c'est ainsi, disent les mères, qu'il faut se conduire dans la société, se montrer d'abord ce qu'on n'est pas pour paraître telle qu'on est.

Mais, comme jusqu'à leur sourire, tout leur a été dicté, qu'elles n'agissent que par impulsion, leur cœur est toujours froid et déshérité, en quelque sorte, des vertus qui lui sont nécessaires. La vanité les dirige au sortir de l'enfance, et c'est elle encore qui les gouverne dans la plus grande partie de leur vie, même dans les actions les plus importantes.

Je vais ici raconter une particularité qui viendra à l'appui de ce que je viens d'avancer.

J'étais le médecin et l'ami du grand-patriarche Cirillo, et à ces titres je le fréquentais régulièrement. J'aimais sa conversation : c'était un homme d'esprit et d'une haute vertu. Un jour qu'il m'avait fait l'honneur de m'inviter à sa table, je crus m'apercevoir que quelque chose le contrariait. Il avait l'air sombre et paraissait fortement préoccupé. Lorsqu'on fut sorti de table,

et que chacun se fut retiré, je lui fis part de
ma remarque, et je me permis de lui demander le motif de son inquiétude. Il me répondit sans hésiter : « Mon ami, je suis obligé
malgré moi de commettre aujourd'hui une
injustice des plus inouïes, qui répugne à ma
conscience, et d'où dépendent ma place,
mon honneur et ma vie : car il me faudrait
désobéir aux ordres infâmes des Fanariotes.
Il s'agit de faire prononcer le divorce entre
une femme Boyarde et son mari, époux
entre lesquels il n'a jamais régné la moindre dissension, unis depuis plusieurs années,
et dont le mariage a été béni par la naissance d'un fils âgé aujourd'hui de quinze
mois. Le mari est un parfait honnête homme, mais il est du *rit latin*, et ne peut par
ce motif être Boyard.

« Ce mariage avait, dans l'origine, obtenu l'assentiment des parens de la demoiselle et celui du Prince.

« Mais aujourd'hui la fortune ayant élevé
cette famille, et la vanité s'étant emparée
d'elle, surtout du côté des femmes, elle

reut, sans respect pour les mœurs, faire rompre une union reconnue par l'Église, afin que la divorcée puisse devenir l'épouse d'un Boyard. Elle s'appuye sur le prétexte que le mari est catholique et ennemi du système Fanariote.

« Elle s'est environnée de puissans protecteurs pour forcer ma religion et me placer dans cette cruelle alternative : d'exposer mon existence ou de participer à un acte abominable.

« Cette action est d'autant plus blâmable, que l'époux s'était montré généreux ; car, quelques jours après son union, on a commis l'infamie de lui dérober l'acte de mariage qui constituait une dot à son épouse. Il ne s'en plaignit point et fit preuve d'un rare désintéressement ; car vous savez que, selon nos usages, un mari est ici maître de la dot de sa femme.

« Le divorce, il est vrai, est dans nos lois; mais pour le faire prononcer, il faut des motifs irrécusables que ne puisse repousser une conscience timorée. Plus l'Église nous a donné des droits, plus nous devons y regarder de près quand il s'agit de prêter notre ministère à ces sortes d'actes publics.

« Dans le cas présent, je ne vois qu'ambition et perfidie, et, je vous le répète, l'ordre de dissoudre ce mariage m'est intimé par des Fanariotes tout-puissans que je dois craindre. »

« La jeune femme, lui demandai-je, consent-elle librement à se séparer de son époux? »

« Lorsqu'elle était dans sa propre maison elle opposait quelque résistance, me dit le respectable Prélat ; mais depuis que sa mère l'a attirée dans la maison paternelle, d'où elle n'a plus voulu sortir, elle a changé totalement de façon de penser. C'est le résultat des mauvais conseils qu'on lui a donné et des perfides insinuations de ses parens dénaturés. Voici, au reste, deux lettres que le mari m'a communiquées, qui vous mettront parfaitement au courant de cette odieuse affaire. »

Lettre de la Mère de la jeune Épouse.

« Ma fille, je vous invite encore une
« fois à trouver vous-même un prétexte
« pour faire rompre votre mariage, afin
« d'en contracter un plus conforme à votre
« rang et tel qu'il vous est offert par la Pro-
« vidence. L'époux que vous avez aujour-
« d'hui pouvait vous convenir, à l'époque
« où la guerre avec la Russie retardant
« l'entrée des Princes en Valachie ne nous
« permit pas de vous unir à un Boyard ; mais
« aujourd'hui que votre père, Boyard lui-
« même, exerce lucrativement sa charge,
« au point qu'il faut espérer que, dans peu
« d'années, il sera millionnaire, il est bien
« aise de vous voir entre les bras d'un
« Boyard. Songez, ma fille, que ce nouvel
« époux vous comblera de toutes les faveurs;
« que vous serez, étant sa femme, couverte
« de bijoux. Eh ! que vous manque-t-il,
« ma fille, pour parvenir à ce haut degré
« de gloire et de bonheur ? Ce n'est ni

« les grâces, ni la beauté, ni la noblesse,
« ni l'esprit, ni les excellentes qualités du
« cœur, enfin tout ce qui constitue le vé-
« ritable patrimoine d'une femme? Au sur-
« plus, votre père prépare pour votre nou-
« veau mariage une brillante dot; de ma-
« nière que vous jouirez, dans votre nou-
« velle union, de beaucoup de richesses.
« Songez, ma fille, au nom illustre de
« votre famille, et n'oubliez pas que votre
« mari vous fut donné dans un moment
« d'adversité, qu'il n'est point noble, qu'il
« faut maintenant qu'il soit remplacé par
« un Fanariote, et si cette substitution vous
« paraissait d'abord outrageante, consolez-
« vous par l'exemple des filles de Boyards
« que la nécessité avait fiancées à des né-
« gocians ou à des banquiers de Constan-
« tinople. Le retour dans notre Principauté
« a, comme vous le savez, annulé toutes
« ces fiançailles. »

Réponse de la jeune Épouse.

« Ma mère, votre seconde lettre me
« fait rompre le silence, et je réponds, par
« celle-ci, à vos deux missives.

« L'époux que j'ai ne fut point de mon
« choix ; je ne le pris point par amour.
« C'est vous et mon père qui me le don-
« nâtes, du consentement du Prince. J'o-
« béis, en l'acceptant, à vos désirs pres-
« que autant qu'à votre volonté. Je n'ai
« aucun sujet de plainte à élever contre
« lui, et je suis persuadée que vous n'ê-
« tes dans ce moment qu'éblouie par la for-
« tune de mon père, et que votre cœur
« n'est pour rien dans les conseils que vous
« me donnez. Vous faites de vains efforts
« pour me séparer de mon époux : vous
« m'offrez, dites-vous, un Boyard qui me
« donnera de grandes richesses, me cou-
« vrira de bijoux, et qui soutiendra ma no-
« blesse. Croyez-vous, ma mère, que l'é-
« poux que vous m'avez donné ne soit pas

« noble ? L'état le plus noble, à mes yeux,
« est celui qui facilite l'homme à secourir
« l'humanité, et mon époux est médecin.
« Son état est préférable à l'illustration d'un
« Boyard qui n'est souvent établie que sur
« le malheur des hommes. Eh! n'a-t-il pas
« fait preuve de noblesse lorsqu'il a fermé
« les yeux sur l'enlèvement que vous fîtes
« de mon contrat de mariage, seul titre
« qui constituait ma dot ? Vous abusâtes,
« à cette époque, de ma bonne foi en
« supposant que pour rendre cet acte obli-
« gatoire, il devait être revêtu de la signa-
« ture de l'Archevêque ; vous nous pri-
« vâtes de ce titre, et mon époux eut en-
« core assez de grandeur d'âme pour ne
« faire aucune démarche contre vous : il
« me donna même une grande leçon de
« morale, car mon indignation contrastait
« avec son généreux désintéressement. La
« véritable noblesse est dans la vertu; ainsi,
« ma mère, veuillez, je vous prie, dans
« vos lettres vous servir d'autres moyens
« pour me circonvenir. Je ne me laisserai

« point entraîner par les insinuations des
« ennemis de mon époux.

« Toutefois croyez bien, ma mère, que
« je ne condamne que votre imprudence:
« votre fille ne peut que déplorer l'ascen-
« dant qu'ont pris sur vous ceux qui dé-
« sirent ma main. Je souhaiterais toutefois
« connaître leur nom : vous me donnerez
« une preuve de votre tendresse en me
« le déclinant. Pardonnez ce mouvement
« de curiosité, il est commun à toutes
« les femmes. »

Après avoir pris connaissance de ces
deux lettres, je dis au Patriarche : « Vous
avez raison d'appréhender les effets moraux
de ce divorce, si vous ne pouvez l'éviter,
et je partage toutes vos craintes dans le cas
de désobéisance de votre part aux volontés
des Fanariotes, parce que je sais que lorsqu'ils ont conçu un projet.... » — « Ah!
me dit le Prélat, en m'interrompant, ils
se feraient plutôt débaptiser que d'y renoncer » ! — « Cependant, lui répliquai-je,
ne faisons pas ces hommes plus puissans

qu'ils ne le sont , et croyons qu'on peut encore leur résister sans courir les derniers dangers ». — « A ma place , que feriez-vous, me dit le Patriarche » ? — « A votre place , lui dis-je , je ne précipiterais rien , d'abord, pour ne pas compromettre ma dignité ; en second lieu, pour donner le temps de la réflexion aux parties intéressées ; car ou ne saurait , dans une affaire aussi délicate, aller assez doucement. Votre position est , je le vois , difficile : vous êtes fatigué de sollicitations et de menaces. Pour vous donner une preuve de mon dévouement à votre personne , je tâcherai , dès demain , de vous garantir des vexations des Fanariotes ». Le Patriarche goûta mes raisons et accepta mon offre.

Je choisis donc parmi les Ministres que j'avais l'honneur de servir celui qui pouvait m'être le plus utile dans cette circonstance ; et je pouvais compter sur lui , parce qu'en général les Grands de l'Empire sont reconnaissans envers leur médecin. Le Patriarche n'éprouva aucune vexation. Mais quel fut mon étonnement, lorsqu'étant chez lui deux ans après, il m'annonça qu'ennuyé des continuelles sollicitations, et vu le changement bien prononcé du moral de la jeune épouse, et pour éviter qu'elle ne fît quelque sottise, il s'était déterminé à faire appeler l'époux pour consommer le divorce. Dans le même instant l'époux arriva, et je fus présent à cette scène. Le Prélat fit d'abord lecture de l'acte de divorce, que je trouvai très-laconique. Après cette lecture, il dit au mari, d'un ton vraiment persuasif :« Je sais, mon ami, combien est pénible votre situation; j'y prends une part bien sincère; mais, croyez-moi, puisque ainsi le veulent les règlemens Fanariotes, consentez au divorce, si vous désirez vivre heureux et tranquille dans la Capitale ». L'époux, sans trop réfléchir, répondit au Patriarche : « Je suis vos conseils » ; et il signa l'acte qui annulait son mariage. Le Prélat voulut lui témoigner sa satisfaction, mais il lui répliqua brusquement « qu'une pareille sottise

Fanariote ne méritait pas des complimens » ;
et il se retira. Quelques années après, peu
consolé encore de la conduite de celle qui
naguère était son épouse , il prit son enfant , réalisa sa fortune , et quitta la Capitale
pour ne plus en entendre parler.

L'épouse divorcée ne retira pas tout le
fruit qu'elle attendait de sa honteuse conduite. Elle ne devint point l'épouse d'un
Boyard ; car ceux qui avaient tramé cette
perfidie n'avaient pas l'intention de s'unir
à elle : des vues plus coupables les dirigeaient. Ils voulaient humilier cette famille ,
en lui faisant commettre une action désho-
norante , pour avoir osé marier leur fille
à un *Catholique du rit latin* ; et compromettre la réputation de la jeune femme ,
comme ils l'ont compromise en effet. Elle
était jolie , et c'était plutôt une maîtresse
qu'une femme qu'ils recherchaient en elle.

Cet exemple pourrait être appuyé par
beaucoup d'autres de cette nature , parce
qu'il est de fait que l'éducation que reçoivent les filles Fanariotes , et particulièrement

les Boyardes , est peu propre à former de bonnes épouses. Les banquiers ou négocians de Constantinople, et , en général, tous les Grecs qui n'appartiennent point au Fanar , et qui ont commis l'imprudence de s'unir à des Fanariotes , ont éprouvé des chagrins domestiques de cette nature et des bouleversemens de fortune. Épouse d'un Boyard , la Fanariote peut être heureuse , si son mari , appliqué à l'intrigue , laisse sa femme intriguer de son côté et surtout se livrer à l'orgueil de son rang et aux écarts de la vanité.

Lorsque les Boyards Fanariotes sont de retour à Constantinople , comme ils apportent tous plus ou moins de richesses, ils commencent à se faire construire en particulier, ou à acheter , une superbe maison, qu'ils font meubler avec toute la magnificence orientale et l'élégance européenne. Ils jouissent paisiblement , dans cette Capitale , des trésors qu'ils ont amassés dans les provinces durant la régence de leur Hospodar. Un Boyard de troisième classe n'apporte pas moins de cent mille à cent cinquante mille francs ; celui de deuxième classe, quatre cent mille francs, et celui de première classe, s'il est parent du Prince, au moins un million. Ces fortunes subites ont été acquises illicitement, ainsi que nous l'avons fait connaître dans les chapitres précédens.

Leurs épouses étalent un luxe éblouissant ; elles en ont contracté l'habitude dans la Principauté, en imitant celui de l'épouse de leur Hospodar (1).

____

(1) Leur costume est un mélange de modes turques et de modes européennes, qui produit un très-bon effet. Elles font le plus grand cas des broderies, elles ont un goût exquis pour les dessins sur lesquels elles brodent. Je crois que les Phrygiennes leur céderaient la palme ; il existe pourtant, entre les Phrygiennes et les Fanariotes, cette différence que les premières trafiquaient de leurs broderies, au lieu que ces dernières brodent pour elles-mêmes. Un auteur de l'antiquité nous a dit que les broderies des Phrygiennes corrompirent les mœurs de la Grèce, parce qu'elles étaient offertes en cadeau, et qu'elles étaient très-recherchées par leur beauté et leurs richesses.

Ils se réunissent souvent entre eux, c'est-à-dire, entre sujets d'un même Prince, et leurs journées sont remplies par les jeux de cartes, la danse, la table et la promenade. Mais ce qui les distrait le plus agréablement, c'est la récapitulation des actes arbitraires qui ont signalé leur conduite dans les Principautés. Les femmes se mêlent également de la conversation, et avec une légèreté qui ne dément jamais leur caractère frivole. Elles parlent avec une vivacité et une agitation extrêmes : les paroles semblent manquer à la rapidité de leurs pensées. Elles donnent, en parlant, une expression, une mobilité particulière à leurs traits. Le son même de leur voix a, pour ainsi dire, une physionomie. Un air sérieux et modeste, un langage calme et une conversation mesurée, sont considérés, par elles, comme des marques extérieures d'ignorance et de stupidité. Elles s'imaginent fixer la croyance de leurs auditeurs en se servant, à chaque instant, de ces mots : *Na-zi-ô-Afthèndis*, qui signifient, *par la vie de notre Prince.*

Les Boyards parens des Princes s'enorgueillissent de leur origine, et se montrent sottement jaloux de leur noblesse. Ils se font volontiers illusion à eux-mêmes : à les entendre, leurs ancêtres ont toujours joui d'une grande faveur auprès des Sultans, et le salut de quelques provinces, si ce n'est de l'Empire Turc, a été dû à leur génie, à l'influence qu'ils exerçaient sur les délibérations du Divan ; à les entendre, il n'est injustice que les historiens européens ou ottomans n'aient commis à l'égard de leurs aïeux par de volontaires omissions, et c'est à la jalousie, à l'orgueil national qu'on a sacrifié, disent-ils, la révélation des éminens services qu'ils ont rendus à l'Empire du Croissant. Et c'est encore sur ce ton qu'ils se prononcent lorsqu'ils s'aperçoivent qu'on garde le silence sur les faits et gestes de leurs auteurs dans les biographies modernes.

Tous ceux qui n'ont pas été revêtus du titre de Boyard par leur Prince, sont les objets de leur dédaigneux mépris, quel-

ques vertus qu'ils montrent ; ils les dési-
gnent sous le titre, assez connu, de ro-
turier. Un homme brave est, selon eux,
un fat, un rustique, un rodomont, enfin,
dans leur langage, un *Kabàday*.

Un savant n'est à leurs yeux qu'un en-
nuyeux plagiaire ; ils n'en font pas plus de
cas que du commun des hommes. Enfin,
ils établissent ainsi la supériorité de noblesse
entre les familles : la plus illustre est celle
qui peut compter dans sa race le plus de
Princes et de Boyards décapités par ordre
du Sultan.

Pour se distinguer des Fanariotes qui
n'ont jamais eu l'honneur d'être Boyards,
ils introduisent dans la langue grecque des
substantifs valaques ou moldaves. Mais,
comme ce n'est qu'un effet de leur vanité,
afin qu'on s'aperçoive qu'ils ont été gouverneurs ou toute autre chose dans les provinces, la nation n'a point adopté l'émission
de ces substantifs, et ces néologues n'ont
jamais eu la satisfaction de voir le peuple
en faire usage.

Rarement les Boyards songent-ils à l'a-
venir ; s'ils y pensent, c'est pour rêver de
nouveaux honneurs et de nouvelles rapines.
Vous ne verrez qu'accidentellement un
Boyard songer à affermir sa fortune, à se
créer un revenu fixe et assuré. Toujours
les yeux tournés vers son Prince, il croit
voir arriver le jour où il retournera à Jassy
ou à Bucharest.

L'orgueil est un mal qui se gagne : aussi
voit-on les parens de ces nouveaux parvenus
rêver à leur tour les honneurs, et abandonner leur utile profession pour se mettre sur
les rangs et solliciter le grand Kalpak. Ils se
ruinent, à l'exemple de leurs prédécesseurs,
avant qu'il se présente un Prince qui puisse
les associer à ses dols.

Cette conduite des Boyards Fanariotes ne
déplaît ni aux Princes ni aux Princesses ;
ils considèrent cet orgueil comme un hommage rendu à leur grandeur. S'ils tirent
vanité de leur titre de Boyard, ils doivent
avoir une haute vénération pour le Prince
qui les en a décorés. S'ils font de folles

dépenses, s'ils se ruinent, faute de prévoyance, ils n'en deviendront que plus humbles, que plus rampans ; ils réuniront, à l'exemple de tant d'autres, l'orgueil de la noblesse à l'humilité de la misère.

Comme il n'est pas de règle sans exception, il est indispensable de dire qu'il est quelques Boyards qui savent se soustraire à ce déréglement de conduite, et qui mettent plus d'ordre dans leurs affaires, en plaçant leurs deniers sur la caisse des Archevêques. Ils ne pourraient les faire valoir plus prudemment, puisque toute industrie est interdite au Boyard : il dérogerait à son rang et nuirait à la réputation et au crédit de son Prince, s'il se vouait à une profession quelconque.

Mais Son Altesse trouve bientôt le moyen d'attaquer les économies des Boyards capitalistes, et de mettre leur fortune au niveau de celle des autres Boyards; voici comment elle s'y prend :

Elle fait appeler les Boyards économes, et leur parle en ces termes : « Mes enfans, j'ai épuisé toute ma fortune et toute celle de la Princesse mon épouse, pour solliciter mon retour en Valachie, enfin pour pouvoir vous rendre de nouveau heureux. Il ne me reste maintenant qu'une petite difficulté à surmonter pour réussir complétement. J'ai besoin de six ou huit cent mille francs ; il faut que vous me les prêtiez. J'ai dans ce tableau réparti entre vous cet emprunt ; j'ai eu égard à vos moyens particuliers. Allez, et dans huit jours apportez-moi cette somme. J'ordonnerai, s'il le faut, aux Archevêques et aux trésoriers de leurs diocèses de vous payer sans difficulté et en reprenant leurs obligations. Celui d'entre vous qui refuserait de me payer la somme que j'ai fixée, n'est pas mon Boyard. »

Aucun Boyard ne refuse son argent, et le Prince reçoit ainsi des secours, souvent utiles aux intérêts de sa clientelle, mais le plus souvent encore aux siens propres.

On ne réussit pas toujours dans ce qu'on entreprend, et dans maintes circonstances on échoue au moment où l'on croit toucher le but qu'on s'est proposé d'atteindre. Aussi les démarches et les sacrifices que font les Princes dépossédés pour rentrer en faveur, ne les conduisent souvent qu'à une position plus malheureuse ; et tel d'entre eux croit retourner à Bucharest, qui reçoit un ordre d'exil. Alors ses Boyards partagent sa disgrâce ; ils se hâtent de vendre le peu de bien qui leur reste pour procurer, disent-ils, la subsistance à leurs familles, qui, pour l'ordinaire, sont très-nombreuses. Ils se montrent en public accablés sous le poids de la misère la plus complète, et ils s'attirent par là les regards de la compassion.

Leur état de souffrance, s'il est réel, ne tarde pas de finir. La caisse des diocèses vient à leur aide, parce qu'elle reçoit des fonds destinés à secourir, par des pensions, les familles des ex-Princes ainsi que celles des Boyards qui se trouvent, par les circonstances, dans le dénûment.

On voit ces hommes qui naguère regardaient d'un œil de mépris tout ce qui n'était point Boyard, réduits à courir de la maison d'un Grand à celle d'un autre, et mendier, avec l'aide d'un langage hypocrite, des faveurs qu'ils ont, pour la plupart du temps, refusé à leur semblable.

Mais cet abattement peut n'être que passager. Les Boyards reviennent souvent à la grandeur par des causes inattendues ; et ils y reviennent sans avoir profité des leçons du malheur. Ils considèrent les infortunes comme des épisodes de leur vie, et non comme des avis de la Providence.

Les Princes et les Boyards sont la force du parti Fanariote ; ce sont les membres agissans, les moteurs de sa puissance ; le Clergé n'est que leur auxiliaire, mais un auxiliaire puissant. Tout le restant de la nation Grecque est, par la force des choses, groupée autour de ce corps politique, qui est, en quelque sorte, un second État dans l'Empire Ottoman.

CONCLUSIONS.

Nullité primitive des Fanariotes. — Prompte Élévation des Fanariotes. — Politique de la Sublime-Porte en élevant les Fanariotes à l'Hospodariat. — Motifs qui ont pu engager la Sublime-Porte à fermer les yeux sur la tyrannie des Hospodars Fanariotes. — Réflexions sur la réunion des deux Églises d'Orient et d'Occident. — Réflexions générales sur la Révolution de 1821. — Probabilités de sa réussite. — Quel est le mode de Gouvernement qui convient aux Grecs. — Sur qui doit tomber leur choix, dans le cas où la Grèce devienne Monarchie. — Craintes que doivent inspirer aux Grecs les Fanariotes.

Je n'ai point encore atteint le but que je me suis proposé en entreprenant cet Ouvrage. J'ai dû commencer par faire une peinture exacte des Fanariotes et l'appuyer de faits irrécusables. Si je me suis livré à quelques digressions dans les précédens chapitres, ce n'a été aucunement dans l'intention de me dispenser de joindre à mes argumens des réflexions d'un intérêt général, et d'attaquer avec liberté des questions de haute politique.

Je vais donc retourner sur mes pas et soumettre au jugement de mes lecteurs quelques observations sur la matière importante que j'ai commencé de traiter. Elles ne seront point basées seulement sur des documens historiques puisés dans les livres, mais sur des remarques faites au sein même du peuple qu'elles intéressent ; suggérées par les événemens qui se sont passés sous mes yeux, elles auront ce caractère de vérité qui doit inspirer une confiance parfaite à ceux auxquels je les présente.

On a déjà beaucoup écrit sur la nation Grecque, et le rôle imposant qu'elle joue aujourd'hui sous les yeux de toute l'Europe, fait présumer qu'on écrira encore beaucoup sur elle. Certes, il mérite bien en effet qu'on s'occupe de lui, ce pays qui, depuis six cents ans, est, comme l'a dit un des plus ingénieux écrivains de nos jours, *hors la loi des nations.* Ses malheurs sont assez présens à la mémoire des hommes, pour qu'on doive attacher quelque intérêt aux nobles efforts qu'il fait aujourd'hui pour achever l'œuvre de sa régénération.

Mon intention n'est point de remonter bien avant dans les siècles ; je n'entreprends point d'écrire l'histoire de la malheureuse Grèce , mais celle des maux qu'elle souffre depuis que les Fanariotes ont pris une part active dans la politique de ce pays. J'ai donc été obligé de me renfermer dans les limites étroites d'un siècle et demi.

J'ai fait connaître , dès les premières lignes de cet Ouvrage, l'origine des Fanariotes. On a vu que leurs familles vivaient ignorées dans un quartier de Constantinople nommé le *Fanar* , et que Panayotaki fut le premier qui parut dans une fonction du Gouvernement.

La nullité dans laquelle vivaient les Fanariotes eût duré sans doute encore des siècles, si la protection qu'accorda à Panayotaki le célèbre Coprogli-Pacha n'eût posé les premières bases de leur puissance : aussi pourrait-on dire que le siége de Candie, où se fit remarquer ce Panayotaki, est la cause primitive de leur existence politique.

Les Grecs du Fanar , avant cette mémorable époque , partageaient les disgrâces communes à tous les Grecs , et rien n'annonçait qu'il devait s'établir chez eux une aristocratie aussi vicieuse que puissante.

Les familles illustres de l'Empire d'Orient n'avaient point survécu à la destruction du trône de Constantin Paléologue ; le féroce Mahomet II les avait presque toutes détruites ou tellement dispersées, qu'on chercherait en vain, dans Constantinople, des descendans des familles célèbres dont il était peuplé avant ces désastres. La nouvelle aristocratie ne pouvait donc s'établir sur une base vraiment aristocratique, c'est-à-dire, sur l'illustration des noms.

Ce n'est pas qu'on ne rencontre, dans la capitale de l'Empire Turc, des familles Grecques portant des noms jadis célèbres ; mais la généalogie de ces familles souffrirait difficilement un examen un peu sérieux.

Un historien moderne a dit : «Qu'à la paix de Carlowitz, Mavrocordato, ayant joué le rôle du principal négociateur, fut nommé, par la suite, Hospodar de la Valachie et de la Moldavie, et que, grâce à sa prudence, les fonctions d'Hospodar et de Drogman furent dès lors assurées dans quelques familles. »

Ce savant écrivain, ce judicieux publiciste, qui rarement se trompe, a commis ici une erreur. Alexandre Mavrocordato ne fut jamais Hospodar ; mais son fils et, plus tard, son petit-fils le furent, et ce dernier, comme on l'a vu précédemment, fut le dernier Hospodar créé par les Boyards, et le premier que nomma la Sublime-Porte en le rétablissant dans sa Principauté (1), d'après le droit qu'elle s'est, depuis cette époque, réservé de donner elle-même des souverains aux Moldaves et aux Valaques.

Il est très-vrai que, depuis, l'Hospodariat et le Drogmanat se sont perpétués dans les familles des *Mavrocordato*, *Mavrojeny*, originaires de l'île de Miconos (Archipel) ; *Ghika*, d'origine Albanaise ; *Racovvitza*, *Manol-Vodà*, de l'Asie-Mineure ; *Ypsilanti*

____

(1) Voyez la Note de la page 20.

et *Morousy*, de Trébisonde ; *Callimaky*, Moldave ; *Suzzo*, Bulgare ; *Caratza*, Ragusais ; *Canzerly*, de Constantinople, etc.

C'est donc sur ces familles que s'appuyait la destinée des Grecs. En faveur auprès du Divan, elles représentaient, en quelque sorte, la nation toute entière.

Elles auraient pu attirer sur elle la faveur de la Sublime-Porte et adoucir le poids de sa servitude. Dès que le Gouvernement Ottoman s'était relâché au point d'admettre en quelque sorte dans son sein un Rayà, un nouvel avenir s'offrait à la nation Grecque. Depuis cette époque, il a manqué à cette infortunée nation, parmi les hommes de ces familles, un homme de génie bien intentionné. Les Fanariotes ont vu la Grèce entière dans le Fanar. Hors de là on eût dit qu'il n'y avait plus de patrie pour eux.

S'il en eût été autrement, la plupart des Princes Fanariotes qui ont été, en leur qualité de Drogman du Divan, appelés aux conférences qui amenaient une paix, n'auraient-ils pas, petit à petit, obtenu des stipulations favorables à leurs concitoyens ?

Autour de ces familles privilégiées se groupaient un nombre considérable de Boyards, leurs serviles créatures, créés par elles. Ils étaient, comme ils le sont encore, esclaves de leurs volontés et de leur politique. Enfin, les Princes et les Boyards composent cette aristocratie nouvelle, à laquelle un historien moderne reconnaît avec moi tous les vices des vieilles aristocraties.

L'accroissement rapide de la puissance des Fanariotes est faite pour étonner l'observateur le plus laborieux. A peine une circonstance a-t-elle favorisé ces ambitieux, qu'on les a vus s'élancer dans l'arène de la politique, et du palais du Visir au sein même du Sérail, où ils ont trouvé le moyen d'introduire leur politique, à l'aide de la corruption.

J'ai, dans les chapitres précédens, fait connaître de quelle manière ils se faisaient représenter auprès du Divan. Comme toutes leurs démarches étaient relatives à leur individu, que l'égoïsme seul était leur règle de conduite, je n'ai pu montrer nulle part, faute d'exemple, le bienfait de leur influence sur les affaires de la Grèce proprement dite, pour la part qu'ils ont prise aux infortunes de la nation. Je crois l'avoir fait connaître suffisamment pour me dispenser d'y revenir de nouveau.

Instruit du mal qu'ils ont fait, et pénétré du bien qu'ils pouvaient faire, mon indignation éclate : je voudrais avoir assez d'éloquence pour les montrer tels qu'ils doivent être vus par tous les peuples de l'Europe.

Ils n'ignoraient pas, ces hommes que quelques historiens ont honorés de leur faveur, quelle était la législation turque à l'égard des Grecs, et combien il était nécessaire d'y apporter des modifications; que, courbé sous le poids de l'oppression, ce peuple antique, dont la gloire est écrite en caractères sacrés dans les Annales du Monde, avait besoin d'un appui auprès de ses tyrans.

M'objectera-t-on que la Sublime-Porte ne pouvait changer de système envers ce qu'elle nomme les infidèles, et que les humiliations éprouvées par les Grecs résul-

tent, en grande partie, de ce que les Osmanlis doivent être mieux traités que les
Chrétiens ; que toute tentative eût été in-
fructueuse ; qu'elle eût blessé l'orgueil du
superbe Ottoman ?

Certes, cette objection peut paraître d'a-
bord victorieuse ; mais qui me prouvera
qu'elle soit conséquente, et que si les Grecs
eussent été représentés auprès du Divan,
on n'eût pas amélioré leur sort ? Le choix
que la Sublime-Porte fait d'un Prince Grec
pour gouverner la Moldavie et la Valachie,
prouve qu'elle n'est pas aussi intolérante
qu'on pourrait le croire, et qu'il eût été
possible d'obtenir d'elle des concessions en
faveur des Rayàs, et de la ramener à cette
modération qui signala les premières années
de la soumission des Grecs. Mais ils ont pré-
féré, les Princes du Fanar, sacrifier à Plutus
plutôt qu'à Minerve ; et tandis que la majeure partie de la nation Grecque gémis-
sait sous le mépris des Sultans, ils se faisaient Sultans eux-mêmes.

Nous avons entendu les Archevêques,

et leur aveu doit avoir jeté une lumière écla-
tante sur ce que pourraient avoir d'obscur
les menées secrètes des Fanariotes. Ces menées, qui ont eu des résultats si funestes
pour les Grecs, j'ai voulu, en les dévoi-
lant, sinon défendre le Gouvernement Turc,
du moins faire connaître à ceux qui s'occu-
pent des peuples, que le malheur des nations est moins souvent l'œuvre des chefs
que celle des subalternes qu'ils emploient.

L'Empire Ottoman n'est point un gouvernement monarchique tempéré par des
mœurs douces, comme la plupart des autres monarchies d'Europe ; il n'a point,
comme je l'ai déjà dit, une administration
uniforme : son mode est vicieux, puisqu'il
tolère une quantité prodigieuse de dignitaires qui, chacun en son particulier, a presque la puissance d'un Sultan. L'autorité
souveraine se trouvant ainsi subdivisée, les
sujets doivent nécessairement en souffrir,
parce que l'arbitraire se met alors à la place
de la justice.

L'Empire Ottoman se composant de diverses provinces qui se dirigent par leurs lois particulières, et que le gouvernement ne considère que comme des tributaires, si on n'éveille son attention sur la conduite de ses agens dans ces provinces et sur les besoins des peuples, il s'ensuivra qu'il s'en rapportera aux avis de ses agens ou à ceux qui exploitent l'oppression à leur profit. La Grèce a toujours été dans ce cas, et il n'est que trop vrai que les Fanariotes n'ont jamais éveillé le Divan par de généreuses suppliques, qui auraient pu alléger les chaînes de leurs coreligionnaires.

C'est ce qui a fait perdre à la Grèce le peu de liberté qu'elle semblait avoir conservée et sauvée du grand naufrage. Au lieu d'une capitation modérée, et telle qu'elle avait été primitivement fixée, on fit insensiblement supporter à ces peuples des impôts excessifs et des servitudes continuelles. Ses lois, que la conquête ne lui avait point ravies, furent méprisées, éludées même par les Grecs, parce qu'elles demeuraient sans force et sans appui ; et de cet abandon naquit l'excès des misères auxquelles ce peuple est en butte depuis plusieurs siècles.

Les Fanariotes connaissaient parfaitement cet état de choses, et je ne hasarde rien en les associant aux moteurs des infortunes des Grecs ; car, je l'ai dit, ils ont fait de l'intrigue l'âme du Gouvernement Ottoman, au point que c'est par elle que se nomme le Cadi et que tombe la tête d'un Grand-Visir.

Jamais empire n'offrira un champ plus vaste à l'intrigue que l'Empire Ottoman, et jamais l'intrigue n'aura des desservans plus avides que les Fanariotes. Ils ont servi leurs passions et les passions des Grands ; et, rien moins que valeureux, ils ont toutefois montré du courage, quand il l'a fallu, pour satisfaire leur ambition, braver les dangereuses chances d'une lutte de cabinet. S'ils ont quelquefois abandonné l'étendard de leur maître, ce n'a jamais été dans des vues généreuses ni dans l'intérêt de la nation Grecque : j'en atteste la conduite du célèbre Cantemir et celle de tant d'autres Princes que je me dispense de nommer.

L'histoire, le grand livre des nations, dénonce que l'agrandissement de l'Empire Ottoman fut le fruit des victoires ; que les Osmanlis, aujourd'hui en butte au mépris de l'Europe, firent long-temps trembler les Potentats Chrétiens et les Princes d'Asie ; qu'ils menacèrent les Empires, sans jamais craindre pour eux l'invasion étrangère ; que les tentes du Grand-Visir furent dressées sous les murs de Vienne, et que le grand Amurat prit Bagdad d'assaut.

Ce vaste corps, que régit des lois imparfaites s'est maintenu, dit Ricaud, par des causes surnaturelles. Cette opinion a dispensé cet historien d'un travail qui était au-dessus de son génie. L'histoire des grands empires demande de grands écrivains; celui de l'Empire Turc est je crois encore à naître.

La seule puissance qui ait porté la crainte au cœur du Sérail, est le naissant empire de Pierre Ier. Sous ce Czar, l'Aigle du Nord fit pâlir le Croissant. Le Divan croyait déjà la voir sur les *minarets* de Ste-Sophie.

Il ne fallut rien moins que l'affaire du Pruth, la vaillance et le talent du visir Méhémet-Baltagi, pour le faire revenir de son épouvante.

Bassaraba-Brankovano, Hospodar de la Valachie, et Cantemir, Prince de la Moldavie, donnèrent, à cet époque, le dangereux exemple de la trahison. Le Divan ouvrit les yeux sur ces deux Principautés, et voulut, pour dissiper ses craintes, en confier l'administration à des sujets sur la fidélité desquels il pût compter. Ce fut du moins la politique adoptée par Mahmoud V et ses successeurs.

En enlevant la régence de ces provinces à la domination des Boyards, la Sublime-Porte se garantissait, ou du moins croyait pouvoir se garantir des intelligences que les princes avaient souvent avec les puissances limitrophes, et qui pensèrent, dans plus d'une occasion, lui être funestes ; car l'histoire n'a point encore prononcé sur les intentions secrètes de Brankovano et de Cantemir.

Elle n'avait donc que deux partis à prendre , celui de faire des Pachaliks des provinces Moldaves et Valaques , ou de les faire gouverner par des Rayàs , ses sujets. Elle opta pour ce dernier moyen , qui était conforme au caractère de Mahmoud , prince pacifique et prudent. Il rétablit Constantin Mavrocordato dans sa Principauté : mieux eût valu sans doute , pour ce malheureux pays , que la disgrâce de cet Hospodar fût maintenue ; car son administration n'a été marquée que par des actes de tyrannie , que ne sut pas châtier la douceur du gouvernement du sultan Mahmoud , ni celui des trois Empereurs sous les règnes desquels il gouverna. Il augmenta , disent les historiens , de quinze cent mille francs le droit de joyeux avénement , ce qui motive ses quatre retours à l'Hospodariat.

Ses successeurs n'ont pas laissé de meilleurs exemples, et les pages de l'histoire des provinces de la Moldavie et de la Valachie , si elle est écrite par une main ferme , impartiale et indépendante , ne seront remplies que des actes arbitraires de ces nouveaux despotes. Les malheureux habitans de ces provinces doivent frémir au seuls noms de Fanar et de Fanariote : ils auront cela de commun avec tous les Grecs du continent et des îles de l'Archipel. Les griefs que les premiers ont à reprocher aux Hospodars et aux Boyards de Constantinople, ont quelque similitude avec ceux que les seconds opposent aux Drogmans de la Sublime-Porte et à tous ces Grecs vaniteux qui, pompeusement décorés du titre de Prince, se sont lâchement endormis dans leur grandeur. Si les Ottomans avaient pu craindre quelque chose de la faveur qu'accordait leur Sultan à des infidèles, certes, leur conduite a dù les rassurer ; car si les Grecs ont brisé les fers qui déchiraient leurs mains, ce n'est pas à l'aide des secours qu'ils ont reçus des orgueilleux Fanariotes. Le cri d'indépendance n'est pas sorti du Fanar, ni de ces bouches serviles qui baisent *la poussière empreinte sur les pieds des Visirs.*

Les Grecs de Constantinople, ceux-là même qui vivaient sous les yeux des Grands du Fanar, ont-ils obtenu, par l'intermédiaire des Drogmans et des prétendus Princes, une amélioration à leur sort? Leur sont-ils redevables d'une existence au moins aussi libre que celle des Arméniens et des Juifs? C'est ce que je vais examiner.

Outre la population Grecque, Constantinople renferme un nombre considérable de Juifs et d'Arméniens, qui tous surpassent en richesses les Grecs de cette Capitale.

La population Juive s'élève à 10,000 individus environ; l'un d'eux est trésorier des Janissaires et de leur Aga. Ces Israélites, ennemis déclarés des Grecs, jouissent, par leur fortune, de quelque crédit auprès des Grands de l'Empire.

Mais la plus intéressante population chrétienne de Constantinople est, sans contredit, l'Arménienne (1); elle ne compte pas

____

(1) Les uns professent le Catholicisme Romain, et les autres les préceptes Eutichéens.

moins de 20,000 individus. Quoique divisée d'opinions religieuses , elle offre une union parfaite , qui ne contribue pas peu à la protection que paraît lui accorder le Gouvernement Turc.

Les Arméniens sont généralement probes , laborieux et bons commerçans ; leurs maisons de banque jouissent de la plus grande confiance : elles sont dépositaires de la majeure partie de la fortune des Pachas, des grands personnages de l'Empire Turc et de celle des particuliers. Ce sont eux qui font aux Pachas les avances dont ils peuvent avoir besoin pour s'établir dans leurs Pachaliks. C'est un Arménien qui est ordinairement directeur général de la monnaie du Grand-Seigneur.

Les Fanariotes songent à eux , les Arméniens songent à leur nation ; ils ont établi entre eux une espèce de solidarité qui contribue au bonheur de la grande famille. Les Fanariotes ne regardent jamais la Grèce, l'Arménien a toujours les yeux fixés sur sa patrie. Aussi, tandis que les Grecs sont

en proie à toutes les misères de l'oppression, les Arméniens jouissent d'autant de
liberté qu'en comporte le despotisme des
Ottomans.

Heureuse eût été la Grèce, si les Fanariotes eussent imité la conduite des Arméniens! On ne verrait point dans la capitale
de l'Empire Turc l'aisance chez ces derniers
contraster avec la misère des Grecs Rayàs.
Ceux-ci y composent la partie ouvrière de
la population Chrétienne orthodoxe ; ils
se divisent en bateliers, tailleurs, cordon-
niers, charpentiers, pêcheurs de la petite
pêche, etc., tandis que les Arméniens sont
ou banquiers ou commerçans. Si l'on compte
à Constantinople une vingtaine de négocians
marquans Grecs, ce sont la plupart des
Moraïtes, placés sous la protection de la
Russie ou de l'Angleterre. Déduction faite
des Boyards, et à plus forte raison des
Princes, le restant des Grecs sont les moins
heureux de tous les Chrétiens qui habitent
l'antique Bysance.

La population Grecque de Constantino-

ple, à un rayon de quinze lieues de circonférence, est, d'après un dénombrement
fait en 1818, et qui m'a été communiqué
par les Curés des paroisses, de 4,900 familles, composées de cinq personnes, ou
soit de . . . . . . 24,500 individus
auxquels il faut ajouter
2,350 étrangers . . 2,350

TOTAL . . . 26,850 (1)

Cette population, comme on le voit, diffère de celles que plusieurs historiens et

---

(1) De tous les peuples qui habitent Constantinople,
les Grecs sont ceux qui y sont le plus dispersés;
cela provient de ce que presque tous les quartiers
ci-après renferment des églises orthodoxes bâties par
les ancêtres des Grecs d'aujourd'hui ; savoir : Le
Petri-Capi, Fanar, Balatà, Edirne-Capissi, Alty-
Mermer, Psomathià, Wlanga, Yeni-Capi, Cum-
Capi, Iles-des-Princes, Cadi-Kioy, Scutary, Cous-
Conzuk, Yeni-Mahalé, Bouyuk-Deré, Tharapià,
Yeni-Kioy, Baltà-Liman, Yssari, Bebeki, Arnaout-
Kioy, Courà-Cesmé, Ortà-Kioy, Bescik-Tàche, Gal-
lata, Péra, Tatavla, Has-Kioy, Avas-Kioy et S^t-
Stefanos.

voyageurs ont dit exister dans la capitale de l'Empire Turc. Leurs calculs seraient encore erronés, quand nous joindrions à ce dénombrement les Grecs sujets des puissances étrangères résidant accidentellement à Constantinople. Sur ces 26,850 individus, il faut déduire les femmes, les vieillards et les enfans; et ce n'est pas exagérer que de réduire le nombre des Grecs capables d'agir, à Constantinople, à dix mille. Je dis capables d'agir, bien que, parmi cette quantité, on doive encore prélever les marchands et les manufacturiers, qui, dans tous les pays du Monde, ne présentent qu'une force inerte, lorsqu'il s'agit d'une résistance ouverte au gouvernement établi.

Cet aperçu que je donne de la population Grecque de Constantinople, a pour but de répondre à tous ceux que de fausses notions auraient pu tromper en leur faisant croire que le foyer de la nouvelle révolution Grecque était au Fanar, que c'était là où se réunissaient les Œthéristes.

D'abord il était imposible qu'un projet de révolte pût être enfanté au milieu d'une population de dix mille individus, en présence de six ou sept cent mille adversaires, et plus impossible encore que des idées de régénération pussent sortir de l'imagination énervée des Princes et Boyards Fanariotes. C'est donc une erreur manifeste et gratuite que d'attribuer aux Grecs de Constantinople une part active dans la glorieuse entreprise des Hellènes du Péloponèse et de l'Archipel.

D'abord, pour que les Princes du Fanar, ou soit les familles distinguées de ce quartier, eussent pu exercer quelque influence sur les Grecs, il aurait fallu que de glorieux prédécesseurs leur eussent mérité quelque confiance, et nulle part on ne peut trouver une circonstance qui puisse attester que les Fanariotes aient jamais pensé à autre chose qu'à leur propre élévation; ils étaient élevés pour l'intrigue, et les généreux combats qui se livrent pour la délivrance d'un peuple demandent des courages sincères, des âmes franches et désintéressées. Certainement les Princes Fanariotes désireraient un changement dans les circonstances, mais un changement qui dût leur profiter. L'idée d'affranchir leur patrie du joug des Osmanlis ne leur a jamais souri un instant. Ils pouvaient bien imaginer une petite révolution de Sérail, mais jamais une révolution qui ferait brûler, par les Ypsariens et Hydriotes, les Capitan-Pachas sur leur vaisseau, et tomber les murs des forteresses de la Morée sous le bronze des Grecs.

J'excepte pourtant du nombre de ces Princes le valeureux Ypsilanti, dont la destinée semble être distincte de celle des Soudans du Fanar. Déjà sa conduite militaire l'avait fait distinguer dans les armées du Czar, car il perdit la main droite à l'affaire de Culm. Sa grande âme était formée pour les grandes actions. Un seul bras lui restait, et il voulut l'employer pour délivrer sa patrie. Il fut mal secondé dans son entreprise ; mais la Grèce le devina, et l'heure de sa délivrance sonna aux clochers des villes de la Mer Égée, com-

me à ceux des montagnes de Taygète (1).
Ypsilanti descend des Princes de ce nom,
mais il ne figura jamais parmi les Boyards
de Constantinople, il n'en a jamais eu les
vices. Ses pères ont même mérité, au sein
de la corruption, les titres de juste et de généreux. Plusieurs monumens érigés par eux
attestent, à la Grèce et aux provinces,
les bienfaits de leur administration, leur
goût pour les beaux-arts et les institutions
utiles.

Quant aux Œthéristes, dont on parle
aussi souvent qu'on s'entretient des moteurs
de la dernière révolution des Grecs, je
crois fermement qu'ils n'ont jamais existé
dans Constantinople. Deux Boyards Fanariotes ont été soupçonnés d'avoir révélé à
l'ambassade anglaise, qu'il existait dans la
Capitale des ramifications du complot qui
avait éclaté en Moldavie et en Valachie. Ces

---

(1) C'est, dit M. le Colonel Voutier, Philhellène,
à Calatriva, petite ville d'Achaïe, qu'éclata le premier
mouvement insurrectionnel, le 23 mars 1821.

révélations furent portées à la connaissance du Sultan, et occasionnèrent des assassinats et les fins tragiques du prince Morousy, du vénérable patriarche Grégoire et celles de plusieurs Archevêques.

Il y avait, sans contredit, dans la conduite de ces Boyards des vues ambitieuses. Ils voulaient s'attirer les bonnes grâces du Divan, que ces circonstances inquiétaient ; et en effet, tandis que la Grèce est en proie à toutes les douleurs d'une lutte inégale, ces deux personnages, que je me dispense de nommer, jouissent auprès de la Sublime-Porte d'un crédit qui certainement n'est pas employé en faveur des Hellènes. —

S'il eût existé des OEthéristes dans la Grèce, sans doute on les eût aperçus à l'époque de la dernière guerre de la Russie contre les Turcs ; et je ne sache pas qu'à cette époque on ait parlé d'aucune réunion d'hommes connus sous cette dénomination.

M. Raffenel, dans son *Histoire des Événemens de la Grèce*, publiée en 1822, parle de ce complot, mais en historien discret :

il n'en rapporte les circonstances que sous une forme dubitative.

Je vais tracer quelques lignes qui feront pressentir à mes lecteurs quelles ont été les premières causes des grands événemens dont la Grèce est aujourd'hui le théâtre : je les crois plus probantes que la préexistence des Œthéristes.

Les habitans de la Morée jouissent, dans l'Empire Turc, d'une haute réputation de bravoure et de sagacité ; on les trompe difficilement, et ils inspirent aux Osmanlis beaucoup plus de crainte et de méfiance que tous les autres habitans de la Grèce. Les Turcs disent toujours à leurs enfans : « Méfiez-vous des *Morali-Seïtan*, ou des diables de Moraïtes ». Il a fallu, pour exciter leur circonspection, le poids des chaînes qu'ils ont portées jusqu'à la circonstance qui a remis le bouclier entre leurs mains. Les pages de l'histoire sont ensanglantées par le récit des carnages que les Ottomans firent, en 1770, des malheureux Moraïtes. Ces carnages ont laissé dans la presqu'île des souvenirs vengeurs.

Depuis cette fatale époque , les Ottomans ont rendu leur domination plus insupportable encore aux habitans du Péloponèse : outre l'autorité oppressive des Beys ou Princes féodaux , ils avaient encore à supporter celle des Pachas de la Sublime-Porte , proconsuls avides et barbares.

Les Moraïtes n'oublieront jamais la conduite orgueilleuse et cruelle de Velli-Pacha , digne fils du féroce Alli , Pacha de Janina. Cet homme , qui était un assemblage de tous les vices qui affligent l'humanité , a exercé impunément jusqu'en 1815 , dans la Morée , le despotisme oriental dans toute sa pureté.

Les Moraïtes , fatigués des exactions de cet homme , portèrent, à plusieurs reprises, leurs plaintes aux pieds du Sultan , mais toujours sans succès : s'ils le virent plus tard tomber de sa puissance , ce fut par une autre cause que celle de l'oppression qu'il exerçait sur eux.

Le successeur de Velli-Pacha ne consola pas les Moraïtes ; ce fut un autre despote qui exploita de nouveau leurs infortunes. Il respecta leurs femmes et leur religion, mais il dévora la substance de leurs labeurs, et les abreuva d'humiliations.

Alli, Pacha de Janina, a désolé pendant plus de trente années les trois quarts de la Romélie : il en était la terreur. Sa fortune, qui paraissait invincible, a compromis long-temps aux yeux de l'Europe la puissance Ottomane.

On a vu le Divan diriger contre ce despote des forces militaires qui se sont élevées jusqu'à quatre-vingt mille hommes, sans jamais emmener sa soumission. Haled-Effendi a connu qu'une autre puissance que celle des armées paralysait les armées du Sultan ; et aussitôt qu'il l'a connu, le Gengis de la Romélie a succombé.

Cette puissance était l'appui que trouvait le tyran de Janina dans les Seigneurs suzerains de la Porte. Il leur avait fait concevoir que la conservation de leur autorité était essentiellement liée à la sienne. Tous ces chefs qui conduisaient les légions contre les faibles soldats d'Alli, agissaient dans ce sens, et l'étendard de ce Pacha rebelle prédominait celui du Sultan. Haled s'en aperçut, et bientôt ces Seigneurs suzerains furent changés en Pachas, et le nombre des Pachaliks fut presque doublé dans les provinces Turques.

Cette mesure fit choir la puissance d'Alli, mais elle augmenta considérablement la misère des Rayàs. Tous ces nouveaux Pachas vinrent armés d'un droit despotique, et renchérirent sur la tyrannie des Seigneurs ; car ces derniers avaient quelque intérêt à ménager des sujets permanens, au lieu que les Pachas, accidentellement gouverneurs de ces pays, employaient la courte durée de leur règne à les pressurer ; et ils le faisaient avec si peu de pudeur, que la plupart des Rayàs aisés achetaient à prix d'argent l'autorisation de vendre leur patrimoine et celle de se retirer à Constantinople.

Avaient-ils obtenu cette autorisation, aussitôt une nuée de Turcs, avides de profiter des malheurs des Rayàs, s'offraient pour devenir acquéreurs de ces biens à vendre, en quelque sorte, par expropriation forcée, et ils les acquéraient, pour l'ordinaire, à vil prix.

Les émigrations devinrent si fréquentes, que les quartiers destinés, à Constantinople, au domicile des Chrétiens, manquèrent de maisons. On bâtit tous les terrains vacans dans l'intérieur des rues : les quartiers furent extrêmement agrandis.

La Porte commença à craindre la dépopulation des provinces, et fit poser, en 1818, à Constantinople, des bornes tout à l'entour des quartiers chrétiens, pour indiquer qu'on ne pouvait plus bâtir au delà ; elle fit même démolir quelques maisons qui avaient été bâties à l'extrémité des quartiers.

Quelques Ottomans construisirent ensuite des maisons vastes dans les quartiers chrétiens, qu'ils louèrent à des prix excessifs (1)

---

(1) Les loyers sont tellement chers dans les quartiers des Chrétiens, qu'une maison composée de cinq

aux Rayàs. Ces immeubles rendaient à leurs propriétaires le 20 ou le 25 pour cent du capital par an.

Veut-on encore connaître une des causes primitives de la dernière révolution, car il paraît qu'on se refuse obstinément à ne pas s'arrêter à cette idée qu'un peuple opprimé est toujours disposé à la révolte, qu'on remonte à l'époque du règne du célèbre Husseïn, Capitan-Pacha de Selim III,

---

à six chambres s'y paye à raison de 5 à 6000 francs par an. Ces maisons sont en bois et mal divisées, et infectées de punaises. Une pareille maison, située dans un quartier turc, ne rendrait pas au delà de 500 piastres à son propriétaire. Mais quel est le Musulman qui oserait louer sa maison, dans un quartier turc, à un infidèle? Aucun, parce qu'il s'exposerait à mille avanies du Gouvernement, qui le lui défend rigoureusement.

Toutes les fois qu'un Chrétien veut faire réparer sa maison, il ne le peut qu'en payant une forte somme à l'ingénieur en chef, connu sous le nom de *Meïmàr-Bâchi* ; si elle est située sur le Canal, elle est payée au *Bostangi-Bâchi*, ou timonier du bateau du Grand-Seigneur.

on verra cet Amiral protéger la marine Grecque de l'Archipel, dans le dessein d'enlever à la Russie l'influence qu'elle exerçait sur elle par une protection que la Sublime - Porte ne pouvait contrarier. Les Grecs, sous l'empire de ce Ministre politique, parcoururent les mers sous le pavillon des Rayàs, et les vexations cessèrent à leur égard. Mais, à la mort d'Husseïn, les choses changèrent de face : les marins de l'Archipel éprouvèrent le retour de la tyrannie, et se virent contraints, pour s'y soustraire, d'avoir recours à la protection russe, en achetant des propriétés sur les terres du Czar ; par ce moyen, ils arboraient sur leurs vaisseaux l'étendard Moscovite et naviguaient avec toute sécurité dans les mers du Levant, comme dans toute l'étendue de la Méditerranée. Ils agirent même avec une prudence extraordinaire ; car, quoique sujets Russes, ils ne se refusèrent jamais à payer les droits imposés aux Rayàs, et à recevoir à Constantinople les armoiries des 25ᵉ et 56ᵉ ortas des Janissaires (1). La politique Turque ne s'apercevait pas que l'agrandissement de la marine Grecque était, en quelque sorte, hors de proportion, et qu'il cachait des intentions secrètes. La beauté des navires, leur force et leurs nombreux équipages auraient éveillé l'attention de tout autre gouvernement; mais Husseïn n'était plus, et ce qui aurait pu faire la prospérité de la marine Ottomane a tourné, comme l'expérience le prouve, à sa propre ruine.

Tous les Rayàs qui ne naviguaient pas sous le pavillon Russe éprouvèrent les vexations les plus inouïes, de manière qu'insensiblement tous les navires Hydriotes, Speziotes

----

(1) Au moyen de ces armoiries, on obtient la protection des Janissaires, chargés de la police du port.

Les capitaines des bâtimens étrangers les refusent ordinairement, parce qu'ils sont protégés par les ambassadeurs.

Mais les Grecs Rayàs les reçoivent toujours, quoique voyageant sous pavillon Russe; ils agissent en cela politiquement, et ils évitent des difficultés pour le placement de leurs navires, etc. Il paraît même que c'est d'après l'avis des Russes qu'ils agissent ainsi.

et Ypsariens abandonnèrent un pavillon qui
ne les protégeait pas, pour arborer celui
qui les dérobait à l'oppression. Dans ces
derniers temps, à peine comptait-on cinquante navires sous le pavillon des Rayàs,
encore n'était-ce que de très-petits navires.

Je vais donner ici une idée des vexations
éprouvées par les Grecs naviguant sous le
pavillon des Rayàs, par le récit d'un fait
qui s'est passé sous mes yeux.

Dans les dernières années, un beau navire
Grec d'Ypsara, capitaine Michel Kiparissy,
partit d'Alexandrie d'Égypte pour Salonique avec un chargement de riz, de sucre,
de café, etc. A l'embarquement, le capitaine s'aperçut qu'une partie des riz, arrivés
à Alexandrie par caravane, étaient attaqués
d'humidité ; il en fit la remarque et se
refusait de les prendre à son bord ; mais
on lui objecta que cette humidité ne pouvait être dangereuse, vu le peu de durée
de la traversée ; que, du reste, on le mu-
nirait d'un certificat qui attesterait l'état
de ces riz. A cette condition, qui fut rem-

plie, le capitaine prit le comestible à son bord, et mit à la voile. Il fut atteint par une violente tempête qui le contraignit de relâcher à Ypsara, pour y prendre un câble et remplacer ses ancres qu'il avait perdues. Il repartit d'Ypsara pour sa destination. Arrivé à Salonique, on trouva, au débarquement, les riz avariés, quoiqu'ils eussent été arrimés entre deux autres marchandises qu'on ne trouva point mouillées. Ce riz était la propriété d'une maison Turque. Le douanier en chef, oncle de Bekir, Pacha de Salonique, fulmina contre cette avarie, prétendit qu'elle avait porté préjudice au reste de la cargaison, et exigea du capitaine une somme de 34,000^f de dommages. L'Ypsarien exhiba, pour sa défense, le certificat du douanier·d'Alexandrie ; mais on le lui déchira arbitrairement ; on le menaça de la peine capitale et de la confiscation du navire, s'il ne payait pas dans trois jours la somme à laquelle il venait d'être condamné.

Le malheureux capitaine protesta de son

innocence , et chercha partout un appui auprès du Pacha. J'étais le médecin de ce Visir , et on crut devoir m'adresser cet infortuné. Il vint me trouver , il me raconta la situation pénible dans laquelle il se trouvait , en me suppliant de m'intéresser pour lui auprès de Son Altese. Je sentis la difficulté de cette mission, parce que le douanier était non - seulement l'oncle du Pacha , mais encore son fermier ; je ne balançai pourtant pas, et je me rendis au palais.

Dès que je fus en présence de Bekir (1),

____

(1) Ce Bekir-Pacha descend des Princes conquérans de la Morée , qui avaient le titre de Bey ou Baron ; il jouissait paisiblement en 1813 de son immense fortune dans son fief de la Morée ; par suite du système d'Haled-Effendi , il fut nommé , à son grand déplaisir , Pacha de Salonique.

Haled-Effendi , favori du Grand-Seigneur , avait conçu le projet de porter aux Pachaliks tous les Grands-Seigneurs de l'Empire Turc : par ce moyen il pouvait disposer à son gré de leurs personnes et de leurs biens ; par cette mesure, et avec le temps, la féodalité était détruite dans l'Empire Turcs.

Cette politique , au dire des diplomates , fut pré-

et que j'eus prononcé le nom du capitaine,
le Pacha entra en fureur ; il ne me permit point de parler, et m'ordonna même

---

judiciable à la Porte, en ce qu'elle indisposait contre
elle tous ces petits potentats, sur lesquels elle n'avait
aucune autorité à exercer en leur qualité de Prince
Suzerain ; elle pouvait seulement les contraindre de résider dans Constantinople.

On assure que la plus grande partie de ces Seigneurs évitèrent le Pachalik au moyen d'une forte
somme qu'ils versèrent individuellement au trésor
impérial.

J'avais prédit trois mois d'avance à Bekir sa nomination au Pachalik ; mais son avarice ne sut pas
prévenir le Firman qui l'envoya à Salonique.

Le but d'Haled-Effendi, en abolissant le régime
féodal, était de procurer à la Sublime-Porte cinquante
Pachas à trois queues puissamment riches. Chaque Pacha, disait-il, pouvait lever au moins 50,000 hommes ;
le Divan aurait eu, en cas de guerre, à sa disposition une armée de plus de deux millions d'hommes,
et faire la loi à l'Europe et à l'Asie. On aurait,
par ce moyen, mis un terme aux guerres intestines
qui désolent l'intérieur de l'Empire Turc ; guerres
que se font ordinairement entre eux les Princes
Suzerains.

On attribue l'invention de ce vaste projet au génie
de Michel Suzzo. Pour l'en récompenser, Haled-

très-durement de sortir de son cabinet, en ajoutant que le capitaine était un malhonnête homme qu'il ferait décapiter aussi facilement qu'il ferait *moucher une chandelle*; que j'eusse à me mêler de la médecine et aucunement des affaires de la douane. Je sortis en effet, beaucoup plus affligé du mauvais succès de ma démarche que de l'espèce d'affront qu'elle m'avait procuré.

Je retrouvai chez moi le capitaine. Le compte que je lui rendis fut loin de le satisfaire. Toutefois les trois jours n'étant pas expirés, je lui promis de retourner chez le Pacha, et l'invitai à la résignation.

Le lendemain, après avoir réfléchi quelques momens, je me présentai chez le Pacha. Je fus accueilli par lui avec une bienveillance à laquelle je ne m'attendais pas. Après avoir satisfait à quelques-unes de ses questions, je lui dis : Seigneur, la

---

Effendi a demandé avec instance à la Russie, dans ses nombreux *ultimatum*, l'extradition de ce Prince fugitif, dans le but sans doute d'orner de sa tête la porte du Sérail.

manière sévère avec laquelle vous me re-
çûtes hier ne me permet plus de rester avec
honneur auprès de votre personne, et je
la supplie de me permettre de retourner
à Constantinople, où je regretterai de n'a-
voir pu obtenir de Son Altesse un acte
de justice dont le refus sera une tache pour
sa vie; et que, pour ma part, j'avais été
loin de prévoir le peu de crédit que j'avais
sur sa personne; qu'ayant partagé avec elle
les dangers de la guerre, au camp de
Schumla, je devais avoir quelque empire
sur son esprit, surtout quand je venais le
solliciter pour un acte de justice et d'humanité. Le Pacha sourit, en me disant :
qu'il ne voulait en aucune manière se séparer de moi; et il écrivit sur-le-champ,
sur un petit morceau de papier, un ordre
qui garantissait les jours du capitaine, à cette
condition qu'il partirait à l'instant même de
Salonique, sans exiger douze mille francs
de nolis qu'il prétendait être en droit de
réclamer des consignataires des marchandises qu'il avait apportées d'Alexandrie.

Il régnait ce jour-là une tempête affreuse. La mer en furie n'offrait que périls au nautonnier qui aurait voulu la braver. Il me fut impossible de faire prévaloir cette excuse, et je portai au malheureux Ypsarien l'ordre formel de mettre à la voile. Force lui fut d'obéir aux volontés du Pacha. Il partit, la rage dans le cœur et déterminé à tirer vengeance de l'acte arbitraire dont il était l'innocente victime.

Il échappa, par une espèce de miracle, au naufrage qui le menaçait ; il fut dans son île faire partager son indignation à ses concitoyens de l'Archipel. J'ai appris, depuis, que sa haine contre les Musulmans n'avait point été oisive, et qu'il n'est pas aujourd'hui un des moins valeureux capitaines des flottes insulaires.

Je pourrais faire suivre la relation de ce fait par celle de beaucoup d'autres qui viendraient à l'appui de ce que j'ai avancé, que les vexations éprouvées par les Rayàs de la marine Grecque ont été une des causes de la révolte des Hellènes, et une des causes les plus actives ; car, sans les humiliations qu'on a fait supporter à ces valeureux navigateurs, cette révolution, qui menace aujourd'hui la puissance Ottomane en Europe, se fût peut-être bornée à l'entreprise hasardeuse du vaillant Ypsilanti. Sans l'appui des vaisseaux de l'Archipel, n'en doutons pas, malgré la valeur des Moraïtes, le pavillon du Croissant flotterait encore sur les remparts des forteresses de la Morée et d'Athènes.

Les événemens passés à Constantinople en 1821, c'est-à-dire, le massacre de la majeure partie des Grecs et leur dispersion, ont sans doute porté un grand coup à la puissance des Fanariotes ; mais je ne la considère point comme totalement abattue, et je crois apercevoir, même dans le crédit dont jouissent les deux Boyards délateurs, le tronc sur lequel peut se hanter leur nouvelle prépondérance. Je la vois menaçante pour les destins de la Grèce, si les régénérateurs de l'Attique n'y prennent garde. Je reviendrai plus tard sur ce sujet : il terminera cet Ouvrage, que je n'ai entrepris que pour être encore utile à ma patrie. Mon but n'a pas été de faire un livre, mais d'éclairer mes compatriotes par les leçons du passé. Si je l'atteins, je ne regretterai point mes veilles.

Il appartient au guerrier de servir sa patrie dans la carrière des armes. Le philosophe, qui ne peut pas combattre, lui doit le secours de sa plume et celui de ses révélations historiques : c'est le tribut que je veux payer à notre belle Grèce.

Mouradja d'Ohsson affirme, et je ne veux point le contrarier à cet égard, que les Princes Hospodars n'adressent jamais la parole aux Sultans; que le prince Mathias Ghika fut le premier qui reçut la permission de parler au Souverain, et qu'il se borna à faire des vœux pour sa prospérité.

Jamais également, dit le même historien, le Sultan n'adresse la parole au Prince, mais quelquefois il dit au Grand-Visir : « Qu'il soit zélé et fidèle, attentif à protéger les sujets de l'Empire, et exact à payer le tribut de la province. »

Les Firmans de nomination et de confirmation annuelle, soit du Prince, soit du Pacha, recommandent toujours aux fonctionnaires la protection qu'ils doivent aux Rayàs. Mais ces recommandations ne sont, en thèse générale, que de vaines formules que l'indifférence des Ministres, sur les exactions des Princes et des Pachas, rend complétement illusoires.

Les Hospodars, plus qu'aucun des autres fonctionnaires de l'État, commettent des actes arbitraires, et foulent aux pieds cette protection qu'ils ont promise aux sujets du Sultan, et les remontrances du Sérail ne viennent jamais troubler leur tyrannie.

On peut facilement expliquer, à ce sujet, l'indifférence des Ministres Ottomans.

D'abord, le délégué du Prince à Constantinople n'oublie rien pour lui conserver la faveur du Divan. Jadis les cadeaux affluaient chez les Ministres, mais depuis qu'ils ont été abolis, par les favoris Haled-Effendi et Hazi-Hallil-Effendi, on a lieu de croire que ces hommages se sont rapprochés du Sérail. Ce qui vaut mieux encore pour les Hospodars.

En second lieu, la pauvreté des Tcharans rendant leur soumission moins douteuse, on ne saurait trouver un moyen plus favorable pour la perpétuer, que de fermer les yeux sur les exactions des Princes.

Comme la Sublime-Porte retire un tribut des provinces, il lui convient de laisser un libre arbitre aux Princes Hospodars. S'ils deviennent riches, le trésor impérial n'y perd rien, et s'ils deviennent trop riches, on saura bien trouver des moyens expéditifs pour alléger leurs capitaux ; et, dans ce cas, l'exil est une circonstance admirable ; il procure un déplacement et l'entrée en fonction d'un nouveau dignitaire, qui payera, comme de raison, le droit de joyeux avénement, presque en même temps que son prédécesseur achetera, au poids de l'or, le terme de son exil ou la conservation de sa propre existence.

On connaît à Constantinople, mieux que

partout ailleurs, les raffinemens de la vénalité, et l'amour de l'or y est, pour le plus grand comme pour le plus petit, une maladie incurable.

On m'a assuré, et j'éprouve quelque peine à le croire, que le Divan n'était pas fâché que les Valaques et les Moldaves eussent une existence politique moins heureuse que les autres Rayàs de la Sublime-Porte, que la tyrannie des Hospodars fût plus acerbe, plus insupportable que celle des Pachas, afin, m'a-t-on dit, que ces Rayàs ne désirassent, en aucune manière, d'être régis par le même système que les habitans des provinces. Cette politique pourrait porter son fruit, mais elle répugne à l'humanité : c'est une manière trop cruelle de dorer les chaînes de ses esclaves. Elle est tout aussi barbare cette politique que celle qui oblige les sujets à tenir compte au Souverain du mal qu'il ne leur fait pas.

Il peut entrer dans les vues d'un gouvernement semblable à celui de la Turquie, de laisser régner la même terreur dans les villes de provinces que celle qui règne à Constantinople, et cela ne peut exister qu'en fermant les yeux sur la conduite des Gouverneurs, en laissant croire au peuple que rien ne les gêne, que s'ils ne font pas plus de mal, c'est qu'ils ne veulent pas en faire davantage. Semblable à ce Pacha qui ne fait pas tomber journellement les sept têtes que la loi lui accorde.

Les expédiens dont se sert la Porte pour punir les prévaricateurs, lorsqu'elle veut bien se donner la peine d'en reconnaître, se réduisent à l'exil ou à la décapitation. Elle examine paresseusement la conduite de ses agens. Il y aurait même, d'ailleurs, quelque injustice de sa part à punir les fautes réelles des concussionnaires, quand elle a profité de leurs concussions. Aussi, les cas ont été très-rares où la colère du Divan soit tombée sur la tête d'un Prince pour le punir de ses actes oppressifs. Quand la tête d'un Hospodar est tombée, c'est qu'elle avait conçu quelque trahison politique ou financière, ou bien qu'elle s'était endormie sur les cons-

pirations tramées contre elle : hors de là,
les Princes ont joui, aussi tranquillement
qu'ils l'ont voulu, du fruit de leurs rapines.
Mais la vie paisible n'est pas de la con-
venance d'un ex-Hospodar ; il lui faut plus
que du mouvement, et l'exil lui serait préférable à une existence monotone et étrangère aux intrigues.

Je l'ai déjà dit : il faudrait un changement
extraordinaire dans le mode de Gouvernement Turc, pour que le bonheur des sujets
fût l'ouvrage des fonctionnaires publics : en
l'état des choses, le Divan est obligé de to-
lérer l'omnipotence des Grands, de la protéger même. L'arbitraire fait, en quelque
sorte, la force de cet empire, comme l'ordre et la justice font celle des gouvernemens réguliers et des monarchies tem-
pérées.

La volonté du Divan n'a pas de fixité. Un
Hospodar dépossédé, exilé ou même émigré
de sa Principauté, s'il fait à propos usage
de ses trésors et de ses protections, est
sûr de retourner à Constantinople, et même

dans sa province, plutôt que de se rendre au lieu d'exil qui lui a été désigné (1).

L'influence du parti Fanariote à Constantinople est nuisible à l'omnipotence des Grands et fatale aux Grecs. Cependant elle a prédominé pendant un grand nombre d'années, et s'était tellement agrandie, qu'elle était, pour ainsi dire, le gouvernement. Elle a perdu les trois quarts de sa force depuis 1821 ; mais elle renaîtra, parce qu'elle a des liens de parenté avec la politique de quelques puissances de l'Europe, et que son intermédiaire est indispensable, tant que le Sultan se cachera aux yeux des prétendus infidèles, et que les Ambassadeurs Européens parleront au Visir par une autre bouche que la leur.

Elle est nuisible à l'omnipotence des Grands, parce que toute autorité qui n'agit pas par elle-même, qui est subordonnée à une influence étrangère, marche irrégu-

---

(1) De ce nombre sont les Princes Hancherli et Suzzo connu sous le nom de Mikal-Vodà, etc., etc.

ticrement et n'est jamais maîtresse de ses propres mouvemens. Un Grand-Visir veut exécuter un projet qui se rattache à de grandes choses, à des vues utiles ; mais ce projet est nuisible à la puissance du parti Fanariote, qui veut se maintenir et avoir la haute-main sur les affaires publiques. Au même instant, l'intrigue et la séduction s'opposent à l'exécution de ce projet, et des auxiliaires invincibles, tels que les ambassadeurs des hautes puissances, interviennent dans l'intérêt de ce parti, dont ils se servent au besoin, et le projet du Visir ne s'exécute pas.

Cette puissance qui peut agir sur les volontés d'un Visir, peut, à plus forte raison, étendre son influence sur les autres fonctionnaires. C'est ainsi que les Fanariotes gouvernent l'Empire Turc, sans tenir ostensiblement en main les rênes de ce vaste État.

Cette influence a été jusqu'à présent fatale au peuple Grec. Je crois avoir, à cet égard, dit tout ce qu'il fallait dire dans le corps de cet Ouvrage. Elle a été funeste aux Grecs, parce qu'elle n'a jamais agi en leur faveur, et que les Fanariotes ont toujours secondé les vues du Divan qui avaient pour objet l'accomplissement et le maintien de la servitude des Hellènes. Semblables à ces Tribuns du peuple muets devant la tribune aux harangues, et vendus, comme le Sénat Romain, aux volontés des Consuls, leur absence du Divan eût été un bienfait pour la Grèce ; car si elle n'avait point eu de représentant auprès de la Sublime - Porte, elle n'aurait pas eu du moins des hommes intéressés à son oppression.

Un des plus beaux génies qui aient illustré le monde, écrivait, il y a environ cinquante ans : « Les gens de bien gémissent, depuis quatorze siècles, que les deux Églises Grecque et Latine aient été toujours rivales, et que la robe de Jésus-Christ, qui était sans couture, ait été toujours déchirée. »

Les choses n'ont pas changé depuis, et je crois que des siècles s'écouleront encore avant que Rome et Constantinople puissent faire disparaître les motifs qui les désunissent.

Lorsque les dissidences en matière de religion ont reçu la sanction des siècles, elles se changent en points de doctrine, en cas de conscience : le fanatisme s'en empare, et il devient, pour ainsi dire, impossible de les combattre utilement.

Il était facile à Phocius et à Jean VIII de prévenir le schisme qui se préparait en 879, et qui fut malheureusement consommé en 1054. Il fallait peu, à cette époque, pour ne pas offrir au monde le scandale d'une division parmi les fils d'une même Église ; il faudrait beaucoup aujourd'hui pour la détruire.

Je n'entrerai point dans la discussion des points qui divisent les Églises d'Orient et d'Occident ; elle m'entraînerait trop loin : d'ailleurs, les livres et les registres des Conciles Œcuméniques sont ouverts à mes lecteurs ; s'ils aiment à se repaître des égaremens et des faiblesses de l'esprit humain, ils peuvent y avoir recours.

En ma qualité de fils de l'Église Romaine, je désirerais sincèrement la suprématie de la chaire de Saint Pierre ; en ma qualité de philosophe, je voudrais que les hommes ne fussent divisés ni d'opinions politiques ni d'opinions religieuses, mais surtout, en ma qualité de Grec, qu'on ne renouvelât pas de nos jours, et dans les circonstances actuelles, ces déplorables disputes qui livrèrent le trône de Constantin au fer des Osmanlis, et les voûtes de Sainte-Sophie au culte du Prophète de la Mecque.

Ce qui perdit l'Empire d'Orient serait encore aujourd'hui ce qui perdrait la malheureuse Grèce. La force qu'elle emploie contre ses oppresseurs se tournerait contre elle-même, si on éveillait, parmi les Hellènes, les anciennes querelles de religion. Si un nouveau Concile se réunissait pour opérer une réunion entre les deux Églises, il n'aurait pas, j'en suis persuadé, un résultat plus heureux que celui tenu à Florence en 1439. Les esprits ne sont point préparés à un aussi grand événement. Autant vaudrait , pour les Grecs , que ce Concile fût présidé par le Muphti , et que ses décisions fussent exécutées par les ordres du Sultan.

Les esprits ne sont point préparés à ce grand événement , parce que les Grecs d'aujourd'hui ne sont pas , à beaucoup près, aussi instruits que l'étaient ceux de l'époque où fut tenté , pour la première fois , un rapprochement entre Rome et Byzance. L'ignorance et la superstition ont fait trop de progrès sous le règne de la servitude , pour qu'on puisse espérer des concessions de croyance de la part d'un peuple essentiellement fanatique.

Le clergé ni le peuple Grecs ne sont point ce qu'ils étaient avant la conquête de Constantinople ; sans doute que l'esprit de dispute serait chez eux beaucoup moins nerveux : le peuple ne s'amuserait point aujourd'hui des subtilités sophistiques , ni de l'éloquence de la controverse ; il n'opposerait point , par la voix de ses orateurs , ni par ses écrivains , argument contre argu-

ment ; il se servirait peut-être de la violence, et le premier d'entre le clergé qui
parlerait en faveur de la réforme, devien-
drait infailliblement victime de son zèle,
parce qu'il serait difficile au peuple de renoncer à une croyance que ce même clergé
lui prêchait la veille sous d'autres formes.
La méfiance, naturelle au Grec, lui ferait
soupçonner quelque projet de trahison.

Laissons les Grecs recueillir les fruits
de leurs efforts, et recevoir, sous un gouvernement protecteur, les bienfaits de l'instruction ; alors il sera temps, peut-être,
de leur faire comprendre de hautes vérités,
de les associer à la gloire des grandes nations. Aujourd'hui ils ne verraient que les
sacrifices qu'on exigerait de leur croyance,
et ne tiendraient nullement compte de ceux
qu'on pourrait faire pour concilier les opinions. On ne peut se servir ni faire fruc-
tifier, chez un peuple peu éclairé, les argumens qui entraînent les peuples civilisés.
On rencontre des obstacles chez les uns
et des secours chez les autres.

Proposer à un peuple qui combat pour sa religion d'admettre une nouvelle croyance, c'est chercher à altérer la source de son courage et de son dévouement, c'est vouloir détruire la magique puissance du labarum de Constantin.

Je ne connais point l'ouvrage que vient de publier, à Vienne, M. Schmit, sur la possibilité de réunir les deux Églises d'Orient et d'Occident ; mais je suis tenté de soupçonner les intentions du livre et de l'auteur : s'ils veulent nous persuader que cette œuvre peut s'exécuter de nos jours, ils se trompent eux-mêmes et veulent nous tromper. M. Schmit n'aurait, dans ce cas, tiré ses inductions que des bibliothèques, et c'est chez les Grecs Orthodoxes, dans le pays même, dans les circonstances du jour, qu'il fallait les puiser. Les raisonnemens dogmatiques d'un écrivain allemand, quelque spécieux qu'ils puissent être, trouveront, dans le zèle religieux des Grecs, un obstacle invincible. Il prêcherait inutilement la réforme à un peuple qui présenterait des martyrs aux nouveaux missionnaires.

Mais je ne pense pas que l'ouvrage de M. Schmit renferme des principes tellement généreux que tous les sacrifices pour opérer cette réunion dussent ne venir que d'un côté : dans ce cas, je serais obligé de modifier mon opinion, et de renvoyer le livre et l'auteur à la sanction de l'Église Romaine.

L'avilissement dans lequel est tombé le Clergé de l'Orient pourrait faciliter une réforme, si les fidèles de cette Église étaient susceptibles d'en sentir la nécessité : mais, je le répète, ils sont encore les esclaves de l'ignorance ; on ne trouverait pas même dans leurs Évêques des apôtres persuasifs; et s'il en existait un petit nombre, les premières paroles qu'ils prononceraient en faveur de la réunion des deux Églises, appelleraient sur eux le même anathême qui atteignit l'empereur Jean Paléologue et son Patriarche, pour avoir fait abnégation, à Florence, d'un seul point de dogme (1),

____

(1) Il fut reconnu, à ce Concile, que le Saint-Esprit

au préjudice de leur Église, et pour avoir reconnu la suprématie du Pape. Et qu'on observe bien qu'à cette époque, l'Église Orthodoxe n'était point, comme aujourd'hui, environnée d'écueils ; elle n'était point à Constantinople sous le joug des Osmanlis, ni influencée au dehors par de puissans États intéressés à l'abaissement de Rome ; l'orage grondait au loin, mais l'Empire d'Orient existait encore. On pouvait, à l'époque de la séparation des deux Églises, en 1054, cicatriser la plaie ; elle était alors récente : elle est devenue chronique, j'ai presque dit incurable.

Il est en Europe un Empire colossal gouverné par un puissant Monarque que dirige un cabinet habile. Les habitans de cet Empire suivent la dévotion de l'Église Grecque prétendue orthodoxe, avec cette différence

procède du Père et du Fils par la production d'inspiration, que le Père communique tout au Fils, excepté la paternité, et que le Fils a de toute éternité la vertu productive par laquelle le Saint-Esprit procède du Fils comme du Père.

qu'ils ne reconnaissent point le Patriarche de Constantinople, et que leur Eglise se régit par les décisions d'un Synode composé de quatorze Évêques ou Archimandrites, monument du génie et de la prévoyance de Pierre-le-Grand.

Voudrait-on faire partir de cet Empire le projet et l'accomplissement de la réunion des deux Églises ? Une si vaste idée frappe d'abord de surprise ; j'éprouve, à son aspect, un saisissement dont je ne suis pas le maître. Serions-nous destinés à voir des prodiges, des miracles au dix-neuvième siècle ?

Cependant on ne peut, quand on parle de réunir l'Église d'Orient à l'Église Latine, ne pas songer à la croyance des Russes ; elle est d'un poids assez considérable pour que les écrivains politiques ou religieux veuillent s'y arrêter un moment et la prendre en considération.

Cette pensée de réunion sourit au philosophe chrétien : elle fut présente à l'esprit des Rois de France, qui, pour la plupart, se sont fait remarquer par leur grande piété.

Je le dis avec regret : le moment n'est pas encore venu où l'on pourra réparer les fautes de l'empereur Michel Carulaire et du patriarche Phocius, non-seulement parce que l'indépendance de la Grèce n'est pas résolue, mais encore parce que les élémens nécessaires pour opérer la fusion des croyances ne sont pas prêts.

Les choses demeureront conséquemment stationnaires, comme au dix-septième siècle.

Tous ces obstacles ne sont point imaginaires ; ils sont aussi réels que la difficulté patente de les vaincre.

Tous les calculs et les raisonnemens problématiques viendront échouer contre ces vérités.

Veut-on que je présente de nouvelles preuves à l'appui de mes argumens ?

Je les puiserai dans le fanatisme religieux des Grecs.

On voit journellement, à Constantinople, des Grecs qui, à la suite d'un excès de boisson alcoholique , embrassent les erreurs de l'Islamisme ; mais on a vu ces mêmes hommes , revenus à la raison , fouler sous leurs pieds , et devant les sectaires , le turban , signe de leur abjuration , et souffrir courageusement le martyre.

N'a-t-on pas vu récemment de jeunes Grecs , et surtout des femmes , se laisser impitoyablement crucifier , scier entre deux planches et brûler vivans , plutôt que d'accepter la vie et la liberté que leur offraient les Turcs , mais à la condition d'abandonner leur culte pour suivre celui de Mahomet? Et n'est-on pas frappé de l'exemple que viennent d'offrir ces jeunes vierges de l'Attique , qui , tombées dans l'esclavage des Turcs , se sont donné mutuellement la mort pour éviter d'être contraintes de changer de religion ?

Mais , m'objectera-t-on , ces exemples héroïques se rapportent à l'abjuration du Christianisme , et ce ne serait point un pareil sacrifice qu'on exigerait de l'Église d'Orient : quelques concessions dogmatiques, voilà ce qu'on lui demanderait. Eh bien ! ces concessions, je crois qu'elle ne les ferait pas.

On anathématisait annuellement, le premier dimanche du carême, dans les temples du rit orthodoxe, tous les individus que cette Église accuse d'hérésie. Cet anathême produisait un effet moral difficile à décrire ; il entretenait surtout une haine implacable parmi les Grecs.

Depuis la dernière révolution, on a senti qu'il était impolitique d'alimenter une animosité aussi violente, qui tournerait au désavantage de la grande famille ; et l'anathême n'est plus prononcé qu'à Constantinople.

La réunion des deux Églises n'offre à l'esprit des hommes ordinaires que peu de difficultés ; il ne s'agit que de quelques formules : que le *Credo* se chante à Constantinople comme dans l'Église de Ste-Marie majeure à Rome, et tout est terminé ; que les Archevêques Grecs soient investis au Vatican, et la robe de Jésus = Christ ne sera plus déchirée. Je désire de toute mon âme que ces difficultés soient aplanies avec la même facilité qu'elles sont jugées par les hommes ordinaires. Le Monde Chrétien en recevra plus de splendeur, et ma Patrie plus de gloire !

Mais avant que ces vœux se réalisent, qu'il me soit permis d'en former d'autres dont le succès peut être moins difficile et plus prochain.

Je désire que les Grecs, instruits par le malheur, enlèvent à l'humiliation des Osmanlis, le Culte de l'Homme - Dieu ; que le Vicaire de Jésus-Christ ne soit plus à la dévotion des sectaires de Mahomet et des Fanariotes ; que le Gouvernement Grec, si la Providence veut qu'il existe libre et indépendant, monarchique ou républicain, à l'exemple de Pierre-le-Grand, convoque un Synode, d'où relèvera le Clergé de l'Église d'Orient : cette institution, qui a donné la paix à l'Église Russe, réformerait le moral de l'Église Grecque. Il existe dans son sein de vertueux Prélats, l'honneur et la gloire du Culte Évangélique. Ceux-là pourront seuls obvier aux vices lancés dans les diocèses par des mains Fanariotes, et éloigner de l'Autel ces hommes qui reçurent l'investiture des mains du Visir sur la porte du Sérail : apôtres ambitieux qui déshonorent le Sacerdoce, parce qu'ils n'ont rien de cette humilité chrétienne qui appelle et retient dans le bercail les brebis du Pasteur de la Cité Sainte, et qui portent, au contraire, dans l'exercice de leurs augustes fonctions, l'orgueil Fanariote et cet esprit d'intrigue qui corrompt tout. Qu'on se rappelle ici les discours des Archevêques que nous avons transcris dans le troisième chapitre de cet Ouvrage.

Je désire, en attendant, que la voix de la raison puisse se faire victorieusement entendre, que la malheureuse haine qui existe entre les Chrétiens des deux Églises s'adoucisse par les moyens qui sont dès aujourd'hui au pouvoir des hommes, et, parmi ces moyens, il en est un dont j'invoque la puissance : c'est la réforme du Calendrier des Grecs de l'Église d'Orient. Qu'on leur fasse sagement adopter l'usage du Calendrier Grégorien en pratique chez les peuples civilisés et que les calculs astronomiques ont reconnu être en rapport parfait avec la marche des astres et le système du Monde. Dès lors on ne verra plus, dans les peuplades Grecques, une partie des Chrétiens dans la consternation du deuil occasionné par l'anniversaire de la mort du Fils de Dieu, et l'autre dans la joie de sa résurrection. Ce contraste produit une sensation inexprimable, et je l'ai toujours considéré comme une des causes de l'animosité qui règne parmi les Fidèles des deux Églises.

Il s'est introduit, dans les cérémonies et coutumes de l'Église d'Orient, depuis environ un siècle, et progressivement, des innovations qui n'ont rien de commun avec les points de Dogme qui ont établi le schisme ; elles ont augmenté la barrière qui sépare les deux Églises. Ces introductions sont l'œuvre de la cupidité et de l'ambition. De ce nombre sont : les longs carêmes qu'on fait supporter aux Fidèles, carêmes qui sont, par leur rigueur, nuisibles à la santé et surtout préjudiciables aux gens de guerre ; les nombreuses fêtes qui enlèvent les artisans à leurs travaux ; la défense de bénir un mariage où l'un des époux ne serait pas de l'Église Orthodoxe. Ce dernier précepte est un, surtout, des plus contraires à un rapprochement entre les deux Cultes. Qu'on réforme ces innovations, et on aura fait un grand pas vers la réunion des Églises, et plus grand encore, lorsque les Prêtres des deux Églises autoriseront les uns, à étudier la langue latine, et les autres, à apprendre la langue grecque : ce qui est barbarement interdit aujourd'hui, dans la vue, sans doute, de maintenir la déplorable désunion qui existe entre les deux Églises.

N'est-il pas ridicule de voir la plupart des Grecs de l'Église Latine se servir des caractères romains en écrivant les mots

Grecs, et ne pouvoir lire l'écriture tracée en caractères nationaux? Ce qui met des entraves dans la correspondance entre des individus d'une même patrie.

Et, ici, le reproche s'adresse particulièrement au Clergé du rit Latin ; plus instruit que le Clergé Orthodoxe, il aurait dû dégager les Grecs de cette bizarre superstition, car leur ignorance est une honte dont l'Europe se rit. Un Grec qui ne peut écrire l'idiome de son pays est un objet de dérision, et je ne sais de quel nom il faudrait appeler ceux qui font de leur ignorance un point de doctrine religieuse.

Si les conseils de la sagesse prévalent sur l'emportement de l'esprit religieux, si l'on confie la grande œuvre de la réunion des deux Églises au génie modérateur, nos neveux pourront dire un jour que les deux Églises furent divisées. Mais, je le répète, confions-nous au temps, ne précipitons rien dans une question d'une aussi haute importance. Il s'agit de réformer des mœurs sanctionnées par les siècles, et devenues par là légitimes aux yeux du vulgaires. N'arrêtons point la marche rapide des Hellènes sur le terrain nouveau qu'ils parcourent. C'est devant eux qu'ils doivent regarder, et non derrière eux. La victoire qui suit depuis trois ans leur étendard, peut se lasser et détourner ses faveurs, si elle s'aperçoit qu'ils sont prêts à se diviser pour des points de croyance religieuse. Dieu a permis une fois que la nation Grecque devînt l'esclave des Osmanlis ; craignons qu'il ne le veuille encore ! Rappelons-nous, surtout, que les chastes Filles de Sion refusèrent de chanter les cantiques du Seigneur sur les bords de l'Euphrate (1).

Qu'on ne m'accuse pas de tiédeur pour la foi de mes pères ; j'ai pour elle cette ferveur raisonnée qui me la rend plus précieuse encore ; je voudrais la voir dominer partout où elle rencontre des obstacles, mais je le veux d'après son esprit même.

---

(1) *Quomodo cantabimus canticum Domini in terrâ aliénâ?* (David, Psalm. CXXXVI.)

J'ai été élevé sous les yeux et par les leçons d'un oncle (1) qui, dans un apostolat de soixante années, a fait aimer et chérir la morale de l'Évangile. Attaché à l'Église de Rome, je fais des vœux sincères pour l'agrandissement de sa gloire !

Les empires sont sujets à des révolutions: elles sont une conséquence de l'instabilité des choses humaines. Les peuples les mieux gouvernés rêvent des changemens, les peuples opprimés les opèrent. C'est le cas où se trouvaient les Grecs en 1821. Toute

---

(1) Jean Zallony, natif de l'île de Tine, fit toutes ses études à Rome, où il était membre de la Propagande. Ce vénérable pasteur a laissé des souvenirs chers à ses compatriotes, auxquels il a prêché long-temps l'Évangile avec une éloquence peu commune. Il était chanoine, puis premier vicaire de l'Évêque de Tine, et mourut dans cette île à la fin du dernier siècle, âgé de 97 ans.

Ma reconnaissance paye avec d'autant plus de sincérité ces éloges qu'elle devait à sa mémoire, que je suis persuadé d'être agréable, en le faisant, à tous ceux qui l'ont connu et qui ont été à même d'apprécier ses vertus et sa vaste érudition.

l'Europe connaissait leurs malheurs ; les uns se bornaient à les plaindre, les autres les méprisaient, parce que, disaient-ils, les Grecs se complaisent dans leur servitude.

Que de faux jugemens n'a-t-on pas portés sur la nation Grecque ! Ensevelie sous la bourbe de l'oppression, elle ne pouvait, au dire de ses détracteurs, rien entreprendre qui pût la rapprocher de son antique gloire ; il n'y avait chez elle qu'ignorance, pusillanimité et mauvaise foi. Saisit-elle le premier instant favorable pour lever la tête et regarder en face ses oppresseurs, ces mêmes hommes la traitent de téméraire ; ils appellent rébellion son réveil à l'indépendance. Dans leur injuste prévention, ils assimilent, ils comparent le mouvement insurrectionnel de la Grèce aux révolutions militaires de l'Espagne, de Naples et du Piémont.

L'Europe entière s'est toujours trompée sur le moral de la nation Grecque : libre, elle regardait d'un œil de mépris les des-

cendans des Thémistocles et des Miltiades,
asservis, à la honte des Rois chrétiens,
par les farouches soldats de l'Asie. Elle
croyait que tout sentiment généreux, toute
élévation d'âme, étaient à jamais éteints
dans l'Attique. Il est vrai que déjà trop de
siècles avaient été comptés depuis l'asservissement des Grecs, et qu'il pouvait paraître naturel que ce peuple, habitué à
l'esclavage, ne se fût fait lui-même une
habitude de ses chaînes.

Quelques exemples, cependant, avaient
appris à l'Europe que le sommeil de ce
peuple n'était point léthargique, qu'il ne
manquait qu'un homme à la Grèce pour lui
faire secouer le joug humiliant des Osmanlis.

Cet homme, elle l'a long-temps attendu.
Il pouvait apparaître sur les ruines d'Athènes, dans la Thessalie ou sur les bords de
l'Eurotas, à l'époque où les Sultans crain-
tifs tremblaient pour leur puissance. Le
destin a voulu qu'il ne se montrât que plus
tard dans l'antique patrie des Daces. Cet
homme est Ypsilanti. Il ne fit que se mon-

trer un moment, mais sa voix fut entendue de toute la Grèce ; et tandis qu'il entrait lui-même en captivité, elle avançait la destruction de la sienne.

Le mouvement qui s'opérait en Moldavie n'était point un fait isolé. La Grèce, silencieuse, se préparait depuis long-temps à la glorieuse entreprise de sa délivrance ; et, dès les premiers jours de son exécution, les flottes insulaires sortirent, comme par enchantement, de derrière les môles qui les cachaient, et signalèrent par des victoires leurs premières attaques contre les vaisseaux Ottomans.

La force des armes a fait choir l'indépendance de la Grèce : c'est à la force des armes que les Hellènes ont eu recours pour la reconquérir. On ne peut les assimiler à ces peuples inquiets qui, las de leur gouvernement légitime, veulent l'échanger contre un autre. Les Ottomans ne furent jamais leurs légitimes souverains ; les Grecs n'étaient pour le Sultan que le funeste héritage légué par le glaive de Mahomet II : ce

sont des prisonniers de guerre qui se dé-
livrent eux-mêmes. Il n'existe pas, je crois,
de traité qui ait reconnu la souveraineté de
la Sublime-Porte sur les Grecs.

Et en admettant qu'il y ait eu conven-
tion entre les vainqueurs et les vaincus,
que ces derniers se soient reconnus sujets
de la Sublime-Porte, ce contrat ne pourrait
jamais être considéré que comme le résultat
de la violence. Effaçons les siècles, et nous
reconnaîtrons les droits des Grecs.

A la première nouvelle de l'insurrection
des Grecs, tous les peuples de la Chrétienté poussèrent un cri de joie. La grandeur de l'entreprise inspira d'abord un moment de crainte à ceux qui s'intéressaient
généreusement à sa réussite ; mais bientôt
l'espérance vint les consoler. Ils crurent que
le moment était venu où un puissant Empire réaliserait les projets enfantés par une
grande Souveraine. Espérance déçue ! La
politique de Laybach isola la Grèce, et les
Hellènes furent livrés à leurs seules forces.
L'Europe, depuis 1821, est comme spec-

tatrice du sanglant tournois où le Croissant dispute à la Croix la terre classique des arts et le berceau de la civilisation. Déjà les Ottomans ont été chassés hors du cirque, et c'est à son extérieur que se livrent aujourd'hui les combats. L'Attique a vu fuir ses oppresseurs, et la Mer Égée est couverte des débris des forteresses flottantes des cruels Osmanlis.

Tout ce que les Grecs ont fait depuis leur patriotique réveil, tient du prodige. Ils étaient, en 1821, esclaves et désarmés ; ils sont, en 1824, libres et aussi richement armés que leurs rivaux. En 1821, la lutte était inégale, désespérante ; on vit même éclater, à cette époque, beaucoup d'insubordination, beaucoup de felonie. On remarqua malheureusement dans les chefs une grande avidité pour les richesses, alors que les soldats étaient accablés par la misère. Quelques étrangers accourus des provinces germaniques sur les bords de l'Eurotas, furent les tristes témoins de ces honteuses calamités, mais n'en combattirent pas

moins vaillamment pour la cause des Hellènes , dont la sainteté triomphe de ces
premiers désordres. Aujourd'hui tout est
changé : l'harmonie et l'honneur dirigent
les Grecs , et la Sublime-Porte craint pour
elle ; toute orgueilleuse qu'elle est , elle
jette un regard inquiet sur le Sénat d'Argos. En 1821 , quelques voix ennemies se
faisaient entendre en Europe ; aujourd'hui
la régénération des Grecs ne trouve plus
d'improbateurs que parmi ces hommes sans
grandeur d'âme , sans générosité comme
sans pudeur, et qui , toujours vendus au
pouvoir qui les paie , n'ont jamais su ce
que c'était que de compatir aux malheurs
des peuples. Il n'est pas jusqu'à l'un des
organes des Ottomans (1) qui ne reconnaisse
l'audace et la valeur raisonnée des Hellènes.
Encore quelques jours de victoire (2) , et

____

(1) Le *Spectateur Oriental.*

(2) Au moment où j'écris cet Ouvrage , les journaux
français annoncent que le Grand-Visir se dispose à
marcher contre les Grecs de la Morée à la tête de

la politique européenne parlera hautement. La neutralité apparente qu'elle garde aujourd'hui tient sans doute aux plus vastes

---

80 ortas de Janissaires. Cette nouvelle pourrait d'abord inspirer quelques craintes aux partisans des Hellènes ; je crois devoir les rassurer : cette armée ne présente, à mon avis, qu'une force numérique ; c'est une horde de gens de guerre qui marche au combat sans tactique, sans discipline et sans ordre ; elle ne sera ni plus puissante ni mieux conduite que · les 234,000 Turcs qui, en 1811, furent, en ma présence, battus à Cayaly-Deré par 8,000 Russes, et forcés, après avoir éprouvé une perte immense, à rentrer dans le camp de Schumla. On connaît d'ailleurs, en Europe, les inconvéniens attachés à ces grandes armées qui, confiantes en leur force numérique, marchent sans appréhension, sans prudence et sans magasins : au lieu d'être un objet de terreur pour leurs adversaires, elles doivent au contraire leur inspirer un mouvement de joie. Le premier choc de la nouvelle armée du Grand-Visir pourra être terrible, mais les suites en seront désastreuses pour le Croissant : une fois battue, elle ne pourra plus être remplacée que par des troupes Asiatiques, plus dangereuses pour le pouvoir qui les emploie, que pour les ennemis qu'elles veulent combattre.

Quelques personnes, nourries des souvenirs de l'histoire, m'opposeront les anciens faits d'armes des

combinaisons. Il n'est pas croyable que les Monarques Chrétiens veuillent replacer sous le joug des Musulmans les élus de l'Évan-

---

Janissaires, et plus particulièrement, sans doute, la fameuse affaire du Pruth, dont les Moscovites paraissent avoir perdu la mémoire; ils pourront me citer encore la bataille de Varna, gagnée par le sultan Amurath; celle de Mohatz, glorieuse pour les armes de Soliman II; celle d'Agria, où le pacha Cicala défit les Hongrois; enfin, le siège de Vienne, par Cara-Mustapha, etc. Je ne nierai point que les armes Ottomanes n'aient eu leurs brillantes époques. Sans elles, le Croissant régnerait-il en Europe?... Qui peut ignorer que les Janissaires remportèrent les victoires qui assurèrent aux Turcs l'Egypte, la Syrie et Constantinople?

Aujourd'hui, les choses ne sont plus les mêmes, le Sultan a des Janissaires, mais n'a plus ni armée, ni généraux, ni trésor, ni soldats : à en juger même par les désastres qu'éprouve son Empire, on pourrait croire qu'il n'a plus Mahomet pour appui.

De quel épouvantail peut être pour les Grecs unis, et maîtres de positions formidables, cette nuée de Janissaires miliciens insubordonnés, énervés, abrutis par le fanatisme religieux, et insensibles à tout sentiment d'honneur national.

La force morale fait gagner plus de batailles que celle du nombre des bataillons. Dans cette circonstance, le Grec vole au combat pour défendre sa religion,

gile. Ils savent que la religion Mahométane, comme l'a dit Montesquieu, qui ne parle que du glaive, agit encore sur les hommes avec cet esprit destructif qui l'a fondée ; qu'il n'y aurait de salut pour aucun des Grecs de la race vivante, s'ils retombaient sous l'autorité du Sultan.

La dureté des gouvernemens, a dit encore l'immortel auteur de *l'Esprit des Lois*, peut aller jusqu'à détruire les sentimens naturels par les sentimens naturels mêmes. C'est chez les infortunés Suliotes qu'il faut aller puiser des exemples à l'appui de cette grande vérité. Ils fourmillent dans l'intérieur de la Grèce. Et c'est sous le régime d'un gouvernement qui, par son despotisme, fait détruire le fils par la mère, et la fille par le père, que les Grecs seraient replacés! Non : cette idée est trop affligeante pour

---

sa liberté, sa famille et ses biens ; le Turc y marche, parce qu'un Firman du Grand-Seigneur lui a ordonné de suivre le Grand-Visir à l'armée. Je n'ai pas besoin de prophétiser de quel côté la force morale agira.

s'y arrêter un seul instant. Le dix-neuvième siècle ne sera pas témoin de l'asservissement de ma patrie ; sa régénération, au contraire, sourira à l'histoire, comme le rétablissement du trône des Bourbons en France : ces deux époques indiqueront à nos neveux le réveil de la Providence.

L'indépendance de la Grèce proclamée et reconnue par les Rois de la terre, hypothétiquement parlant, quel est le gouvernement qui sera chargé de sa conservation ?

Cette question est d'une grande importance ; car les peuples savent, par expérience, qu'il est souvent moins difficile de conquérir la liberté que de la conserver alors qu'on la possède.

Il est à présumer que le mode de gouvernement qu'il conviendra à la Grèce d'adopter, soit par rapport à elle, soit par rapport aux autres peuples de l'Europe, est aujourd'hui la grande question qu'agite le conseil des Rois.

Cette opinion peut paraître hasardée ,

surtout aux hommes qui mettent encore en doute le triomphe de la cause des Hellènes : elle me paraît, à moi, naturelle et peu problématique, à en juger par les progrès rapides de la révolution Grecque. Les obstacles que les Grecs ont vaincus étaient les seuls qui pussent leur paraître insurmontables ; ils n'ont aujourd'hui que peu de chose à craindre de leurs ennemis naturels et ostensibles abandonnés à leurs seules forces. Quant à la politique des Rois, intéressée dans ce grand débat, ou je ne l'ai pas conçue, ou elle n'est pas hostile. Si jamais elle le devient, la malheureuse Grèce ne sera plus, aux regards de l'Europe, qu'un vaste mausolée gardé par les Turcs. Revenons à cette idée plus consolante de l'indépendance de cette belle partie du Monde.

Son gouvernement sera-t-il monarchique, aristocratique, démocratique ou républicain ? Y a-t-il chez le peuple Grec les élémens nécessaires à la constitution d'un gouvernement régulier ? Ses mœurs sont-elles propres au maintien d'un ordre établi ?

Si l'on consulte les détracteurs des Grecs, ils répondront que ce peuple n'est point encore digne de figurer au rang des nations, qu'il ne peut, sortant de la servitude, faire un bon usage de la liberté, et qu'il faut, comme l'a dit un illustre publiciste, faire des républicains avant d'établir des républiques ; par ce moyen ils demanderaient, comme on l'a déjà fait, qu'on envoyât les peuples à l'école de la politique, pour leur enseigner de quelle manière ils doivent obéir.

Certes, je suis loin d'avouer que les Grecs soient aujourd'hui assez avancés en politique pour s'ériger en législateurs ; ils n'ont encore que la science des combats où le courage tient lieu de stratégie. Ils manquent d'expérience en administration, et de lumières en fait de législation ; mais s'ils adoptent un gouvernement monarchique tempéré, le Prince qui les dirigera pourra s'entourer d'hommes habiles dans l'art de gouverner, et ramener dans ce malheureux pays la justice et la paix qui, depuis si long-temps, paraissent en être exilées.

Le gouvernement monarchique est le seul qui puisse convenir à la Grèce. Il n'existe chez elle ni les élémens de l'aristocratie, ni les vertus nécessaires à une république. Quant au gouvernement démocratique, ce serait le plus dangereux de tous, parce que les Grecs sont dépourvus de cette instruction qui tempère les passions humaines, et qui pose des bornes aux mouvemens de l'orgueil.

D'ailleurs, la Grèce a besoin de se concilier l'estime de l'Europe, si elle veut avoir son appui. L'expérience a prouvé que le gouvernement monarchique était, de tous les gouvernemens, le plus propre à maintenir la stabilité parmi les choses et la paix entre les hommes d'un grand État. La Grèce doit donc l'adopter.

Tout autre gouvernement qui tendrait à entretenir chez elle un foyer de discorde, ne pourrait que déplaire à tous les cabinets. Les lumières du siècle ont fait de la liberté le besoin de tous les peuples ; mais, seulement, de cette liberté qui prospère sous l'appui tutélaire du trône, de cette liberté ennemie de toute espèce de tyrannie. La Grèce ne combat pas pour changer de chaînes ; mais elle ne combat pas non plus pour se livrer toute entière au plus ambitieux de ses guerriers, pour être continuellement une pomme de discorde pour ceux qui auraient contribué à sa délivrance.

Si le Sénat d'Argos avait eu l'oreille des Monarques d'Europe, si à la régénération de la Grèce n'étaient point attachées de hautes considérations politiques, si elle pouvait être indifférente à toutes les diplomaties, nul doute que les Grecs ne se fussent déjà rangés sous les lois d'un Monarque, et que ce ne fût à sa voix que leurs phalanges eussent marché contre les Musulmans. Mais telle est la marche des grands événemens, elle doit être plus lente et plus réfléchie que celle des petites circonstances qui ne dérange que les affaires d'un Seigneur féodal. La réédification du trône d'Orient devant être un ressort de plus ajouté à la grande machine de l'ordre politique, elle ne peut avoir lieu que du consentement unanime de tous les Potentats, le Turc excepté. Ce consentement accordé, il faudra, je crois, profiter des premiers jours de son indépendance, pour ériger la Grèce en Monarchie héréditaire. Ses peuples recevront alors, comme un bienfait, un code de lois qui, en les réunissant sous l'autorité d'un seul, établirait leurs droits et fonderait la vraie liberté civile sur les sacrifices que chacun doit faire en faveur de l'intérêt général : sur la liberté naturelle. Si on laisse se prolonger en Grèce le règne d'une liberté sans limite et sans règle, l'établissement de l'ordre rencontrera plus d'obstacles, et on acceptera comme forcément, ce qui d'abord eût été reçu comme un bienfait.

Je me détermine pour l'établissement d'une Monarchie héréditaire, parce que je vois l'impossibilité morale d'établir la Grèce en république, même en république fédérative. Si on ne considérait que la situation topographique, nul doute que ce dernier mode de gouvernement ne fût préférable à tout autre ; mais il faut considérer les hommes, car c'est pour eux que s'établissent les gouvernemens et non pour les lieux ; et, je le dis sincèrement, la Grèce république ne se soutiendrait pas ; elle serait, dès son origine, en proie aux agitations intestines.

Quant au gouvernement démocratique, il n'en faut pas parler. Un philosophe a écrit, que, s'il y avait un peuple de dieux, il se gouvernerait démocratiquement ; qu'un gouvernement si parfait ne convient pas à des hommes. La Grèce n'est pas peuplée par des dieux.

Je me dispense d'émettre une opinion sur le gouvernement aristocratique, parce qu'en jettant un regard scrutateur sur la Grèce, je n'y vois nulle part les principes constitutifs de ce mode de gouvernement.

Mais, en formant des vœux pour l'établissement d'une Monarchie héréditaire en Grèce, je n'entends pas vouloir priver mes compatriotes des bienfaits de la liberté, et, comme elle n'est jamais assise sur les degrés du trône absolu, je désire que cette monarchie soit tempérée, comme en France, par des institutions tutélaires, qui défendent le peuple contre lui-même, contre les envahissemens du pouvoir et la tyrannie des Grands. Que le prince domine avec éclat et avec cette autorité protectrice qui fait la gloire et le bonheur du peuple ; mais qu'il appuye sa puissance sur des lois fondamentales qui mettent également le sceptre et les sujets à l'abri des révolutions : fléaux dont la colère divine afflige quelquefois les habitans des deux Mondes, pour l'exemple des peuples et pour celui des rois.

Les Grecs ont pour eux les leçons de l'histoire ; le passé ne doit pas être perdu pour eux : qu'ils l'interrogent ; mais, seulement, qu'ils ne perdent pas de vue que la physionomie de l'Europe n'est pas aujourd'hui ce qu'elle était autrefois, que, s'ils veulent marcher avec les autres nations, il faut qu'il adoptent la politique européenne et qu'ils ne se laissent point, surtout, entraîner par la magie des souvenirs, ni par cet amour-propre qui suit toujours de glorieux travaux et des triomphes inattendus.

Si la sagesse ne vient consolider leur ouvrage, il s'écroulera comme les empires qui n'ont eu que la victoire pour conseillère. Qu'ils craignent, après avoir vaincu les ennemis du dehors, d'avoir à tourner contre eux-mêmes leurs propres armes. Les divisions intestines, quel que soit leur objet, sont destructives et dévorantes : elles préparent et consomment l'asservissement des nations.

Le *Spectateur Oriental*, journal politique qui s'imprime à Smyrne, n'a cessé de nous présenter les Grecs comme divisés entre eux. Les journaux français n'ont pas dédaigné cette assertion, et leurs avis, qui sont plus désintéressés que ceux de la Gazette Orientale, semblent vouloir établir une rivalité d'ambition et des vues différentes entre Colocotroni et Mavrocordato, les deux chefs les plus apparens de la révolution Grecque. J'ai long-temps appréhendé cette division. Lorsque je réfléchis sur les qualités personnelles de ces deux généraux, et lorsque je vois l'amour-propre du premier menacé par le second, je crains qu'un jour ces deux hommes ne se détruisent mutuellement ou ne périssent sur les ruines de leur patrie qu'ils auront renversée, si la sagesse ne les inspire, ou si le Sénat d'Argos n'intervient pas avec fermeté.

Mavrocordato et Colocotroni marchent sans doute vers le même but, qui est celui de la délivrance de la Grèce, mais ils paraissent y marcher avec des opinions différentes et sous des influences opposées. A en juger par le langage des journaux, Colocotroni serait l'homme de la Russie, et Mavrocordato celui de l'Angleterre. Ces suppositions, toutes diplomatiques, ne peuvent être présentées que sous des formes dubitatives, et n'être appréciées que par des apparences plus ou moins entraînantes. Dans l'état actuel de la politique européenne, il est plus d'une question qu'on peut se faire, il en est peu qu'on puisse résoudre. Lorsqu'un peuple combat pour sa liberté, il est difficile de savoir aujourd'hui jusqu'à quel degré il peut intéresser les Rois ; et lorsque son émancipation doit déranger la balance politique, il est encore plus difficile de prévoir quelles seront les entraves et les ressorts qu'on fera mouvoir pour s'en attirer le profit.

Les raisonnemens problématiques des diplomates et des publicistes s'appuient ou doivent toujours s'appuyer sur des probabilités. Dans cette circonstance, si l'on suppose que la conduite particulière de Colocotroni est influencée par le cabinet Russe, que fait M. de Minziaky à Constantinople ? Si Mavrocordato suit les impulsions du cabinet de Saint-James, que signifie la conduite médiatrice de lord Strangford (1)? En résumé, les Grecs donneraient-ils dans un piége ? Voudrait-on épargner aux Turcs la peine de les détruire? Dans cette dernière

___

(1) Si j'en crois mes pressentimens, on verra un jour que ces deux diplomates ne perdaient pas leur temps à Constantinople,

hypothèse, le Conseil d'Argos ne serait-il composé que d'automates?

Avouons-le : il arrive trop souvent qu'on attache à la conduite de certains hommes des ramifications imaginaires. Colocotroni comme Mavrocordato peuvent n'obéir qu'à leur ambition, et n'être influencés ni secondés dans leurs moyens par aucun cabinet de l'Europe. Ils peuvent abuser de la crédulité du vulgaire pour augmenter leur parti; mais s'il est vrai, comme j'aime à le croire, que la politique des souverains n'a pas besoin de descendre à de petits subterfuges, ou à des ressources immorales, telles que celle qui établirait deux camps dans une nation, ces deux chefs ne peuvent que succomber devant la majesté du Sénat d'Argos, qu'on doit considérer comme la seule autorité d'où doit émaner la puissance coercitive.

Certes, cette ambition de ces deux guerriers peut être momentanément bien funeste à la cause des Grecs. Un grand homme disait en chaire, en parlant de l'ambition : « Ce désir insatiable de s'élever au-dessus et sur les ruines même des autres ; ce ver qui pique le cœur et ne le laisse jamais tranquille ; cette passion, qui est le grand ressort des intrigues et de toutes les agitations des Cours, qui forme les révolutions des États, et qui donne tous les jours à l'univers de nouveaux spectacles ; cette passion qui ose tout, et à laquelle rien ne coûte, est encore un vice plus pernicieux aux Empires que la paresse même (1). »

Comme cet ouvrage sera sans doute lu par les hommes que les circonstances ont placés à la tête des Grecs, je désire qu'ils méditent ces lignes. S'ils en pénètrent le sens, la Grèce peut être encore libre ; s'ils en méprisent l'esprit, elle pourra reprendre ses chaînes : les hommes qui ne savent rien prévoir ne peuvent être aptes à une régénération quelconque.

Je vais, en abondant dans le sens de ceux qui placent Colocotroni et Mavrocordato, l'un dans l'intérêt de la Russie, l'autre dans

---

(1) Massillon, *Petit Carême*, *Tentation des Grands.*

celui de l'Angleterre, me rendre raison des motifs qui auraient pu engager ces chefs à se séparer de la cause commune, pour servir leur ambition particulière et les intérêts de tel ou tel cabinet.

Mais je dois, avant tout, faire connaître plus individuellement ces deux capitaines, en les mettant en parallèle.

Colocotroni (Théodore), naquit en Morée, vers l'an 1767, du célèbre Colocotroni, chef de Klèftes (1), qui mourut vic-

---

(1) Ce nom de *Klèftes*, qui signifie en grec *voleurs*, a été donné par les Turcs aux pirates de l'Archipel. Comme la situation topographique de Maïna, district de la Morée, rendait difficile la soumission complète du Péloponèse, ses habitans ont conservé une espèce d'indépendance. Ils descendent des anciens Lacédémoniens, et sont braves comme eux. Ils gardent contre les Turcs une haine implacable; ils dévastent leurs villages aussi souvent qu'ils le peuvent, et pillent leurs bâtimens caboteurs.

Alli, Pacha de Janina, les protégeait dans son propre intérêt; il créa même plusieurs bandes de Klèftes, dont il inonda la Romélie; le chef se nommait capitaine des Klèftes, et recevait l'ordre de porter la désolation dans les districts qui étaient en dehors de son apanage

time de la plus horrible trahison des Turcs.
Habitué, comme les siens, à une existence
libre, mais affreuse, il a conservé ce carac-

Alli se servit de ce moyen pour engager la Sublime-
Porte à aglomérer ces districts à ceux qu'il commandait.
Il y reussit, et dès ce moment la Romélie ne fut
plus ravagée par les Klèftes. Alli-Pacha ne les congédia
pas tout-à-fait; il les répandit dans les divers districts,
et on les distinguaient alors sous le nom de *Klèftes
Proskiniti*, espèce de Gardes-Champêtres.

Les Klèftes se sont toujours honorés de leur dé-
signation, parce qu'ils ne la prenaient pas, comme
de raison, dans l'abstraction du mot. Organisés sous
l'influence d'une autorité puissante, et commandés
par des chefs, ils ne pouvaient raisonnablement se
considérer comme des voleurs.

Je vais, par le récit d'une circonstance, mieux
faire connaître les Klèftes.

Lors de mon séjour à Véria (*), je fus invité par
les négocians les plus recommandables de les accompagner à un pélerinage qu'ils voulaient faire avec leurs
femmes à un couvent appelé *Prodromos*, situé dans
les environs de la Castorie. Leur invitation n'était
pas tout-à-fait désintéressée, parce qu'en ma qualité
de médecin de Bekir, Pacha de Salonique, j'étais
pour eux une protection. Le couvent de Prodromos
est assis dans une position des plus pittoresques et

(*) Charmante petite ville à douze lieues à l'Ouest de Salonique.

tère sauvage des habitans du Ménale, que relève pourtant un esprit vif et des vertus vraiment stoïques.

----

des plus délicieuses, mais il est rarement visité par les Chrétiens, à cause du peu de sûreté de ses chemins et de son abord sauvage.

Après avoir parcouru une partie des environs du couvent, admiré les accidens de nature qu'ils offrent à l'œil observateur, et présenté nos devoirs aux *Caloyers*, nous nous assîmes sur les bords d'une source limpide pour y prendre un frugal repas, qui consistait en agneaux rôtis et entiers, selon l'usage du pays. A peine finissions-nous notre festin champêtre, que nous vîmes descendre d'un côteau boisé une quinzaine d'hommes à figures hâlées et fortement armés. L'*Igoumenos*, chef du couvent, qui était avec nous, nous dit que c'était des voleurs, ou Klèftes. A ces mots, j'engageai nos dames à cacher leurs bijoux, et particulièrement les perles dont leurs têtes étaient richement ornées ; mais elles s'en défendirent en m'assurant que les Klèftes commandés par le capitaine Diamanti (*) n'étaient pas des brigands. En effet, ils s'approchèrent de nous, et loin de nous molester, ils nous reprochèrent l'imprudence que nous avions commise d'être venus en ce lieu solitaire sans être escortés, ne fusse que d'un

----

(*) Ce Klèfti joue aujourd'hui un grand rôle parmi les Hellènes. Il commande un corps puissant de troupes parmi lesquelles on compte un grand nombre de Klèftes qui jouissent en Grèce d'une grande réputation de bravoure, d'audace, et d'amour pour l'indépendance.

Après avoir été long-temps redoutable aux Turcs, il fut contraint, par la force des circonstances, à abandonner ses montagnes et

---

Klèfti ; ils objectèrent que nous aurions pu être atteints par les Turcs vagabonds de Véria, qui n'auraient pas manqué de nous dépouiller. Quant aux vagabonds de Véria, leur répliquai-je à mon tour, nous n'avons rien à redouter d'eux, le Pacha ayant donné de tels ordres, qu'ils ne se hasarderaient pas de passer la rivière. Mais c'est de vous que nous pourrions avoir à craindre, puisque nous sommes sur les terres d'Alli-Pacha. Vous n'avez rien à appréhender de nous, me disent-ils ; quoique soldats d'Alli-Pacha, nous sommes Klèftes Proskiniti, chargés de protéger le couvent et ses environs. J'appris alors que les Klèftes Proskiniti n'étaient point des voleurs, mais des troupes soumises.

L'Igoumenos nous avait quitté pour aller faire préparer le dîner de ces braves gens.

Vers le soir, passèrent dans ces parages une vingtaine d'Albanais Turcs nomades armés ; ils n'entrèrent point dans le couvent ; ils se bornèrent à demander du pain et quelques poireaux qu'ils payèrent religieusement. Je fus étonné de cette conduite sage et modérée, mais l'Igoumenos fit taire ma surprise en tirant de son porte-feuille un petit carré de papier très-sale, sur lequel étaient écrits ces mots, en grec très-vulgaire.

« *Par ce présent avis, je fais défense à tout voyageur*
« *turc d'entrer dans le couvent de Prodromos ; de ne*

d'entrer dans les rangs des troupes Grecques qu'entretenait le gouvernement français des Sept-Iles.

Passionné pour la gloire et pour l'indépendance, il entendit les premiers cris de liberté qui furent poussés par les habitans du Taygète. Il partit de Zante, où il vivait très-retiré, avec la faible escorte de sept hommes, et vint débarquer au port de Koracos. Depuis cette époque, on n'a cessé de le voir poursuivre, avec une ardeur toute guerrière, les troupes Ottomanes, et les attaquer avec succès jusque dans leurs formidables citadelles. Colocotroni, on peut le dire, possède à un degré éminent cette valeur communicative qui suppose toutes les espèces de courages. Audacieux et endurci aux travaux de la guerre, il fait passer dans

----

« *rien exiger des Caloyers sans payer d'avance, et* « *de coucher en ces lieux. Tout contrevenant payera* « *de sa tête l'infraction qu'il ferait au présent avis* ».

Plus bas était la marque d'un très-petit sceau, portant la signature de *Tépédenli, Alli-Pacha.*

l'âme des Hellènes une partie de cette ardeur qui le guide au combat.

Malheureusement son amour pour la
gloire a été, dès les premiers jours, terni
par celui des richesses et par la soif des
honneurs. Homme plein de bravoure et de
zèle, il se crut en droit, dès qu'il se vit
sur le champ de bataille à la tête de quelques milliers d'hommes, il se crut en droit,
dis-je, de dominer, et, se faisant illusion
à lui-même, il pensait que la bravoure sup-
pléait chez un capitaine à toutes les vertus.
La prise de Tripolitza, due à la vaillance
de ses troupes, et sans doute à ses talens,
devait, selon lui, moins profiter à la Grèce
qu'à lui-même. Il menaça hautement d'abandonner la cause des Hellènes, si le comman-
dement de la place conquise n'était donnée
de préférence à son fils. Cette faveur, pour
de bonnes raisons sans doute, lui fut re-
fusée ; mais on lui promit de publier que
le choix du gouvernement avait été sanc-
tionné par lui, et cette satisfaction lui suffit.

Il témoigna, plus tard, non moins de

mécontentement à l'égard de la tiédeur qu'on réservait à ses services ; et l'indécision qu'a montrée le Sénat Grec, lorsqu'il briguait, concurremment avec Mavromichale, le grade de généralissime, en a fait, à ce qu'on assure, un ennemi déclaré du système du gouvernement qui régit aujourd'hui la Grèce.

On sait quelles ont été ses prétentions après la prise de Napoli de Romanie.

Pourquoi faut-il que l'ambition vienne inoportunément affaiblir les vertus d'un tel homme ? La Grèce n'avait pas besoin de ce nouveau malheur : aussi faut-il espérer que Colocotroni, héros vraiment essentiel aux Hellènes, comprendra qu'il n'est point de véritable grandeur d'âme sans désintéressement personnel.

Mavrocordato (Alexandre) descend, comme je l'ai déjà dit (1), des Princes de ce nom qui, sortis du Fanar, gouvernèrent la Moldavie et la Valachie ; il fut,

____

(1) Voyez page 20.

dans les derniers temps, employé auprès du Prince Caratza, Hospodar des Valaques. On s'accorde généralement à dire qu'il fit preuve de quelques talens dans l'administration des affaires qu'il dirigea en sa qualité de *Postelnicos*, dignité qui se rapproche de celle de Ministre des relations extérieures. Lorsque Caratza fut obligé d'abandonner sa régence et de se réfugier en Allemagne, Mavrocordato le suivit ; il l'accompagna même à Genève et à Pize. Il est avéré qu'il a mis à profit l'expérience du voyage qu'il a fait dans quelques parties de l'Europe.

Son origine, son instruction et son caractère même ne lui permettaient pas de demeurer spectateur oisif des grands événemens qui se passaient dans le Péloponèse ; d'ailleurs, le sang Grec qui coulait dans ses veines lui disait assez que sa place était marquée dans les rangs des Hellènes, où l'appelait le clairon des combats.

Il arriva à Marseille dans le courant de juin mil huit cent vingt-un, et, après avoir

fait un court séjour dans cette ville ; il fit
voile pour le Péloponèse, emmenant avec
lui plusieurs Grecs vénus de l'Allemagne.
Il embarqua beaucoup de munitions de
guerre et des armes. Sa traversée fut heureuse, et ce ne fut pas sans émotion qu'il
aborda les rives de la Grèce.

Démétrius Ypsilanti, qui tenait alors les
rênes du gouvernement, l'investit de ses pouvoirs pour aller se mettre à la tête des Ro-
méliotes, qui venaient de se déclarer pour
l'indépendance : ce fut le premier de ses
glorieux travaux.

Après avoir honorablement rempli sa
mission et mis quelque ordre dans l'Étolie
et l'Arcananie, Mavrocordato revint à Argos;
il voulut s'y occuper de l'organisation lé-
gislative ; mais, soit qu'il ait éprouvé des
obstacles, ou que son génie pour la guerre
l'ait alors emporté, il quitta cette ville et
se dirigea vers Corinthe. Il fut, plus tard,
nommé Président du pouvoir exécutif, et
c'est en cette qualité qu'il signa, à Épi-
daure, le treize janvier 1822, la Constitution provisoire des Grecs.

Depuis cette époque, Mavrocordato n'a jamais cessé de donner des preuves d'un dévouement sans bornes à la cause de l'indépendance ; il n'a pas démenti un seul instant l'opinion que j'avais conçue de lui. Lorsque je le vis à Marseille, je crus apercevoir en lui l'alliage heureux de l'enthousiasme et de la réflexion, et l'accord le plus parfait du courage et du sang-froid. Il ne laissait entrevoir aucun sentiment d'ambition particulière et encore moins d'orgueil : aussi je ne crois pas qu'il se soit revêtu lui-même du titre de Prince que les historiens modernes lui donnent. Ce titre, que ses vertus privées et politiques peuvent lui mériter, ne lui est acquis ni par sa naissance, ni par la munificence nationale. Je pense même que sa modestie n'en est point flattée et qu'elle lui préfère la considération dont il est entouré. D'ailleurs, il n'a pris ce titre dans aucun de ses actes publics. C'est donc à tort que ses ennemis se récrient contre cette qualification de Prince, qui, dans la circonstance, ne lui semble être accordée que par la reconnaissance de ses concitoyens. Qu'on lui dispute à Constantinople, et partout ailleurs, le titre de Prince, sa gloire n'en souffrira point ; c'est le dépit de la jalousie qui vient expirer aux pieds du vrai mérite ; c'est une des dernières ressources des engoués de la turcomanie.

J'ai connu Mavrocordato peu ambitieux ; mais les circonstances ont pu le changer : il est, d'ailleurs, de louables ambitions. S'il existe réellement une rivalité bien prononcée entre Colocotroni et Mavrocordato, et que cette rivalité soit guidée par des vues coupables, anathème contre tous les deux ; mais si l'un d'eux agit dans l'intérêt de l'État, que la justice des Grecs ne poursuive que l'autre.

Examinons maintenant quels motifs auraient pu engager ces chefs à se séparer de la cause commune pour servir leur ambition particulière et les intérêts de tel ou tel cabinet.

N'est-ce pas la même cause qui a conduit Colocotroni et Mavrocordato sur le sol de la Morée? N'y sont-ils pas venus, l'un et l'autre, pour obtenir les mêmes fins? Le but de leur glorieuse entreprise ne serait-il plus aujourd'hui celui qui leur mit les armes à la main? Ont-ils conçu le fol espoir que le sang des Hellènes coulerait pour leurs seules fortunes? Ces questions ne pouvant se résoudre, à part la dernière, qu'affirmativement, il ne peut rien y avoir de bien dangereux dans la rivalité qui existe entre ces deux capitaines. Ils ne peuvent se ravir mutuellement leur gloire, et toute tentative à ce sujet ne pourrait tourner qu'à leur honte, s'il était vrai qu'ils sacrifient le bien général à leur haine : une seule preuve devrait suffire pour arrêter le cours de leur felonie. Ne voyant pas de motifs réels dans cette mésintelligence, je suis tenté de refuser ma confiance aux journaux et aux lettres mêmes, qui en ont répandu le bruit en Europe.

Colocotroni agit, dit-on, dans les intérêts de la Russie. Cette supposition me paraît bien gratuite, je ne sais qui voudrait en revendiquer l'invention ; elle me paraît peu ingénieuse, et je serais porté d'en attribuer l'honneur au rédacteur qui dirige le *Spectateur Oriental*, puisque c'est lui qui, le premier, en a dit un mot à l'Europe. Il semble même qu'il y a dans cette accusation quelque chose d'inhumain, à défaut de sel attique. Lorsque Ypsilanti languit encore dans les fers, frappé du désaveu du cabinet de Saint-Pétersbourg, Colocotroni se confierait à la politique russe, et, seul dans toute la Grèce, il compterait sur une intervention officiellement démentie !

Depuis long-temps, il est vrai, un sentiment de reconnaissance fait pencher les Grecs en faveur de la Russie. C'est à la protection de cet empire qu'est dû l'accroissement de la marine Grecque, sans laquelle il n'y eût point eu de chances de succès pour les Hellènes. D'ailleurs, c'était toujours de ce côté que devaient arriver pour les Grecs les phalanges libératrices ; ils les attendaient comme les Juifs attendent le Messie. Ces phalanges sont demeurées immobiles sur les bords du

Pruth. Je n'en fais point un reproche au Czar ; la politique a des profondeurs qu'il ne m'appartient point de sonder : mais je puis m'en prévaloir pour défendre Coloco-troni de l'accusation portée contre lui.

D'un autre côté, la Russie aurait-elle besoin d'un auxiliaire aussi apparent, dont la moindre des actions est contrôlée par l'Europe entière ?

Avouons-le : cette supposition est plus que hasardée, et je l'ai déjà peut-être trop combattue.

Mavrocordato est, dit-on, l'homme de l'Angleterre ! Supposition encore gratuite. Si lord Maitland vivait, il pourrait répondre à cette accusation, qui tend à présenter le gouvernement Anglais comme cherchant à influencer la révolution Grecque, et qui dénote des vues secrètes et des projets ul-térieurs. Les Grecs, par leur valeur et leur constance, ont intéressé la nation Anglaise ; un emprunt s'est ouvert chez elle en leur fa-veur, tandis qu'un noble lord (1) leur sacrifie

---

(1) Lord Byron.

sa vie et sa fortune. Mais, certes, le général Wilson était en Espagne, et les Anglais prêtaient de l'argent aux Cortès. sans que pour cela leur gouvernement ait porté la plus légère atteinte à sa neutralité. Je crains bien que les ennemis de la Grèce ne soient fortement intéressés à allumer chez elle le flambeau de la discorde, en semant des germes de haine et de méfiance. Ce serait un coup de maître en politique que le machiavélisme qui brouillerait les chefs des armées Grecques, et qui jetterait l'épouvante et les soupçons dans les Cabinets Européens.

Que les guerriers qui ont vaillamment conduit les légions aux combats, déposent volontairement leurs armes entre les mains du législateur, et qu'ils ne les reçoivent que de lui, si de nouveaux dangers menaçaient la patrie. Que personne ne revendique exclusivement l'œuvre de la délivrance : sans cette abnégation, le démon des partis incendiera la Grèce et la replacera sous la domination des Turcs.

Les vaillans défenseurs de la Grèce, quelque éminens services qu'ils aient pu lui rendre, doivent se rappeler sans cesse que le désintéressement honore le courage, et que c'est à la patrie à récompenser ses héros.

Si l'on me demande dans quel rang, dans quelle famille les Grecs doivent choisir le Roi qui doit les gouverner, je répondrai que je n'en sais rien, et que je ne sais même pas, politiquement parlant, s'ils doivent le prendre parmi eux (1).

Comme Grec et ami de ma patrie, je désirerais que l'élu de la nation possédât les vertus indispensables à un monarque : la justice, la magnanimité, la connaissance des hommes et des choses.

Je désirerais que ses droits à la souve-

---

(1) Des raisons politiques, que je ne veux point déduire, m'obligent à cet aveu ; mais j'avoue qu'en fait de chef de gouvernement, et à plus forte raison de Roi, les peuples doivent autant que possible les prendre chez eux. J.-J. Rousseau, qui quelquefois avait du bon sens, disait aux Polonais : « Ouvrez les annales de votre nation ; vous ne la verrez jamais illustre et triomphante que sous un Roi Polonais : vous la verrez presque toujours opprimée et avilie sous les étrangers ».

raineté fussent établis sur des antécédens
capables de n'exciter aucune jalousie ; qu'il
n'eût, surtout, pris aucune part à la régénération de la Grèce, afin que les ambitions fussent nivelées ; que, s'il était vrai
que la race des Empereurs d'Orient ne fût
pas éteinte, son dernier rejeton fût appelé
à régner.

Ce sont là mes désirs et rien autre chose.
Je me confie volontiers à la sagesse des Rois
de l'Europe, qui tiennent entre leurs mains
les destinées de la Grèce : leur expérience
et les besoins de leur politique leur diront
assez quel est le Roi et le mode de gouvernement qu'il convient de donner à cette
portion intéressante de la Chrétienté , lorsqu'elle se sera entièrement dégagée du joug
de ses oppresseurs.

Mais je ne cesserai de dire aux Grecs :
méfiez-vous des Fanariotes : ce n'est point
parmi eux que vous trouverez un appui
désintéressé et encore moins un monarque équitable ; et si vous en doutez, con-
sultez les Valaques et les Moldaves, si long-

temps éprouvés par eux ; demandez-leur où sont les bienfaits qu'ils ont recueillis de leur administration, et, s'ils avaient une couronne à offrir, si c'est au Fanar où ils choisiraient une tête pour la porter?

Je termine ici cet Ouvrage, et laisse à d'autres le soin de le parfaire. J'ai payé mon tribut à la Grèce aussi bien qu'il a dépendu de moi de le faire. J'ai dit des vérités hardies, qui seront désavouées par ceux qu'elles atteignent ; je m'attends à leurs dénégations et ne les appréhende point. Le voyageur impartial pourra vérifier l'exactitude de ce que j'ai dit : je ne crains nullement d'être démenti par lui. Content de mes veilles, je dirai, en relisant cet écrit : si je n'ai point fait un livre, j'ai du moins fait mon devoir.

FIN.

TABLE

DES MATIÈRES.

	Pages.
Avant-Propos	I

CHAPITRE PREMIER.

Origine des Fanariotes	13
Des Grammaticòs	15
Création de la dignité de Drogman du Divan	ibid.
Drogman de la Marine	18
Élévation du Drogman du Divan à l'Hospodariat	19
Emplois réservés aux Boyards indigènes et aux Musulmans	24
Charges données par l'Hospodar aux Boyards Fanariotes	ibid.

Pages

L'Hospodar à Constantinople......... 27

Politique de l'Hospodar.............. 35

Départ du Prince pour la Moldavie.... 38

Son voyage....................... 39

Son arrivée à Bucharest............. 40

Sa réception...................... ibid.

Particularités sur la manière d'agir et
    de vivre d'un Hospodar 42

Des Boyards indigènes 49

Leur mise .... ibid.

Leur amour pour le luxe 50

Des Boyards Fanariotes............ ibid.

Conseils qu'ils donnent à leur Prince.. 53

Conduite administrative de l'Hospodar. 54

De l'Épouse du Prince.............. 66

Ses revenus...................... ibid.

Rapacité des Boyards.............. 71

Malheurs des peuples Moldave et Va-
    laque......................... 73

CHAPITRE II.

Pages.

Du Bâche-Capi-Kiahaya ou représentant de l'Hospodar à Constantinople. 92

Intrigues des Fanariotes............ 97

CHAPITRE III.

Influence du parti Fanariote sur la destinée des Grecs................... 130

Entretien à cet égard avec les Archevêques Nicomédias, Dhércon, Sophias
et Thessalonicis................. 133

Confiance des Grecs dans le parti Fanariote......................... 169

Manie qu'ont les Grecs de changer leur
nom patronimique ; réflexions à ce
sujet 171

CHAPITRE IV.

Déposition des Hospodars............ 174

Leur retour à Constantinople........ 180

Leur manière d'y vivre.............. 181

Pages.

Ce qu'ils font pour ressaisir le pouvoir. 181

Leur exil. 183

Du Prince Suzzo. 184

CHAPITRE V.

Des Boyards Fanariotes, après la dé-
position de leur Prince. 190

Éducation de leurs fils. 193

Conseils de l'Hospodar à son fils. 202

Éducation des femmes Fanariotes. . . . 208

Divorce injustement provoqué 213

Particularités Fanariotes. 225

CONCLUSIONS.

Nullité primitive des Fanariotes. 237

Prompte élévation des Fanariotes. 241

Politique de la Sublime-Porte en élevant
les Fanariotes à l'Hospodariat. 248

La révolution de 1821 n'a point pris
naissance au Fanar. 255

Pages.

Vexations éprouvées à Salonique par un Capitaine Ypsarien........... 268

Motifs qui ont pu engager la Sublime-Porte à fermer les yeux sur la tyrannie des Hospodars Fanariotes..... 277

L'influence du parti Fanariote à Constantinople fatale à l'omnipotence des Grands et aux Grecs............ 282

Réflexions sur la réunion des deux Églises d'Orient et d'Occident......... 284

Réflexions générales sur la révolution de 1821..................... 302

Probabilités de sa réussite........... 307

Quel est le mode de gouvernement qui convient aux Grecs.............. 312

De Colocotroni et de Mavrocordato.... 320

Sur qui doit tomber le choix des Grecs au cas qu'il faille nommer un Roi.... 340

Craintes que doivent inspirer aux Grecs les Fanariotes.................. 341

TABLE DES NOTES.

	Pages.
Note sur Panayotaki ou Panagioti...	16
— *sur Mavrocordato (Constantin).*	20
— *sur le séjour des Hospodars à Constantinople*............	35
— *sur les places honorifiques données aux Fanariotes*............	*ibid.*
— *sur la résidence des Mahométans dans la Moldavie et la Valachie*	37
— *sur les honneurs accordés aux Hospodars par la Sublime-Porte*..	38
— *Extrait du Journal des Débats sur la Moldavie et la Valachie*....	77
— *sur le Four de Bostangi-Báchi*..	85
— *sur MM. Franchini frères* (*)....	99

(*) Nota. Lisez dans le texte, au lieu de *Pierre Franchini*, *Antoine Franchini*.

Pages.

Note sur le Prince Demetri-Morousi... 102

— sur Galib-Effendi............ 104

— sur les Barrats et Firmans du Grand-Seigneur........... 115

— sur les Favoris du Sultan...... 127

— sur les Évêques et Archevêques.. 137

— sur la dénomination de Frangos ou Christianòs................ 139

— sur l'enlèvement des jeunes Garçons et Filles par les soldats Turcs.. 144

— Sur les Janissaires........... 148

— sur le Patriarche de Constantinople 149

— sur le Drogman de la marine... 152

— sur la Caisse dite de la Communauté du Grand - Patriarcat.. 157

— sur les Avlikiés-Omoloyes...... 158

— sur les Habitans de l'île de Chio. 165

— sur l'observation du Carême par les Grecs.................. 168

— sur la Caisse du Grand-Vestiar.. 176

Pages.

Note sur le Divan-Effendi.......... 179

— *sur l'interdiction à l'Hospodar d'habiter le Fanar*.......... 180

— *sur les Princes Kallimaki et Caratza* 182

— *sur les Hotgias*.......... 197

— *sur Jean Théologue*.......... 198

— *sur l'usage d'employer, dans la conversation, la troisième personne du singulier* (*).......... 204

— *sur la dispersion des Grecs dans Constantinople*.......... 254

— *sur le loyer des maisons habitées par les Grecs*.......... 264

— *sur les Armoiries des 25 et 26 ortas des Janissaires apposées sur les bâtimens des Rayas*.......... 267

— *sur Békir-Pacha et la Politique d'Haled-Effendi à l'égard de la féodalité*.......... 270

(*) NOTA. Lisez dans le texte , au lieu de *la troisième personne du pluriel, la troisième personne du singulier.*

Pages.

Note sur la Décision du Concile de Florence. 290

— *sur Jean Zallony*................. 3o2

— *sur les 8o ortas de Janissaires que doit commander le Grand-Visir* 3o8

— *sur les Kleftes.* 325

FIN DES TABLES.